| 대학생 현장실습 |

OJT 교육과정

항만물류분야

조 규 성 저

홍릉과학출판사

머 리 말

글로벌시대에 맞춰 기업에서는 보다 전문적인 교육을 받은 학생들을 요구하고 있습니다. 이에 대학교육기관에서도 기업에서 요구하는 전문인력을 양성하기 위한 다각적인 방안을 모색하고 이를 실천하고 있습니다. 그러나 실제 대학기관에서 각 기업에 맞는 맞춤식 교육에 여러 어려움이 있기에 기업에서는 학생들을 채용하고 채용 인력을 대상으로 직무교육을 잘 수행하여 회사업무를 잘 이해하고 적용을 통한 작업능률이 향상되는 효과를 가질 수 있는 OJT(On the Job Training)를 실시하고 있습니다. OJT는 기업 내 인재육성을 위한 교육 훈련 방법의 하나로서, 직장 상사(선배)가 부하(후배)에게 업무 수행에 있어 필요한 지식이나 기능, 태도, 업무를 지도하고 의도적, 계획적으로 육성하는 과정으로 보다 전문적인 실무형 인적자원을 개발하기 위해서 요구되는 제도로 활용되고 있습니다. 따라서 기업체별 필요한 전문인력을 양성하기 위해서는 기업에 맞는 전문교육을 실시해야함에 따라서 업무별 현장실습 매뉴얼이 요구되고 있습니다.

부산지역은 국내 제1의 항만도시로서 부산지역에 위치한 항만산업은 전통적으로 인력위주의 노동집약적 산업으로 인식되어 왔으나 화물처리의 단위화, 전문특수 터미널의 건설, 그리고 새롭게 현대화된 선박 및 하역장비의 출현으로 항만의 생산성을 크게 향상시켰을 뿐 아니라 산업의 형태도 자본집약형으로 바뀌게 되었습니다. 이에 따라 항만산업에서도 보다 체계적인 직무교육이 요구되고 있습니다.

이에 학생들의 현장실습에서 필요한 항만산업내 OJT 지침서를 개발하게 되었고 개발된 본 교재를 통해서 기업체내에 체계화 된 인재 육성 시스템 구축을 기대할 수 있으며 현장실습 교육생은 체계적인 교육을 통해서 실력 향상 및 우수한 인재상이 되기를 기대합니다. 이로 인해 본 지침서가 물류활동과 관련하여 전문지식이 필요한 사항에 대하여 계획・조사・연구・진단 및 평가 또는 이에 관한 상담・자문, 그 밖에 물류관리에 필요한 직무를 수행할 수 있도록 구성됨에 따라 물류관련업무를 수행하는데 필요한 법률적 지식을 습득한 물류전문가로서 거듭날 수 있을 것으로 확신한다.

끝으로 본 교재가 완성되기 까지 물심양심으로 도와주신 물류분야의 여러 전문가와 동명대학교 HUNIC 사업단 및 흥릉과학출판사에 감사의 말을 전합니다.

2011년 8월
저자

차 례

part 1

항만물류분야 현장실습 OJT교육과정

1.1 항만물류분야 현장실습 OJT교육과정

1.1.1 현장실습 OJT교육과정 소개

동명대학교 산학협력중심대학육성사업단에서는 현장실습 교육생과 실습 대상 기업의 원활한 교육을 위하여 교육 지침서를 제공하게 되었습니다.

항만물류산업은 전통적으로 인력위주의 노동집약적 산업으로 인식되어 왔으나 화물처리의 단위화, 전문특수 터미널의 건설, 그리고 새롭게 현대화된 선박 및 하역장비의 출현으로 항만의 생산성을 크게 향상시켰을 뿐 아니라 산업의 형태도 자본집약형으로 바뀌게 되었습니다.

항만물류산업은 항만물류관리, 항만컨테이너터미널운영 분야로 구분될 수 있으며 이러한 분야를 기반으로 하역시설과 장비의 배치운용, 수송방법 등을 포함한 항만의 효율적 운영등을 위하여 이를 체계적으로 다룰 수 있는 전문인력이 요구되고 있습니다.

항만물류분야는 수출입 화물이 항만에서 하역되어 고객에 이르기까지 이와 반대로 고객으로부터 항만에 이르러 선적되기까지의 화물과 관련정보를 이동시키는 과정에서 하역, 보관, 분류, 수송, 정보처리 등의 활동을 통해 화물의 흐름과 보관을 효율적으로 계획, 관리, 통제함으로서 항만(터미널)고객의 욕구를 충족시키고 항만(터미널)의 경쟁력을 제고시키는 분야입니다.

항만물류는 항만내에서 여러 단계의 작업을 거쳐 화물을 화주에게 또는 화주의 화물을 선박에 인수 · 인도하는 사업이지만 물류산업의 발전으로 선박에서 화주의 문전까지 일괄수송을 지향함에 따라 유통 관련 사업인 CY운영업, 창고보관업, 포장업, 철도운송업, 화물자동차운송업, 통관업 등을 유기적으로 결합시켜 고객들의 기대에 부응함으로써 물류산업의 핵심적 역할을 담당하고 있어 이러한 상황속에서 기업에서는 보다 전문적인 항만물류를 운영할 수 있는 전문인력양성에 발맞추어 본 대학의 전문인력을 발굴하고 육성하는 것이 중요합니다.

실력이 우수한 학생, 붙임성 있고 사회성이 좋은 학생, 성실하고 의욕있는 학생 등등의 인재들은 자기 개성을 살려 실력을 발휘하고 싶긴 하지만 자기 실력을 발휘할 수 있는 기회가 없어 전혀 다른 길을 걸어가는 경우 등 우수한 인재들이 산업현장에 진출하지 못하는 경우도 빈번하게 발생하게 됩니다.

인재 육성의 필요성을 우리는 항상 인지하고 있으면서도 인재 육성 시스템 구축이나 인재 육성에 대한 프로그램들은 많이 있지 않고, 활성화되지 않은 것이 현실입니다. 이는 기술과 지식을 전달할 수 있는 방법이 부족해서입니다.

이러한 문제를 개선하고자 동명대학교 산학협력중심대학육성사업단에서는 교육생과, 인재육성에 힘써줄 기업체를 대상으로 교육생에게 다양한 업무 경험과 효과적인 현장실습이 되기 위한 항만물류분야 대학생 현장실습 OJT 교육 지침서라는 참조모델을 제공합니다.

기업은 이 지침서를 통해 사내 체제를 정비하고, 체계화 된 인재 육성 시스템 구축을 기대할 수 있으며 현장실습 교육생은 체계적인 교육을 통해서 실력 향상 및 우수한 인재상이 되는 것을 기대할 수 있습니다.

1.1.2 현장실습 목표 및 일정

각자 취향이나 성향, 잘 하는 분야가 다르듯이, 붙임성이 좋은 학생, 공부를 잘 하는 학생, 밝은 학생, 성실한 학생, 의욕이 있는 학생 등 다양한 학생이 많다. 현장 실습을 통해 교육생이 나가야할 방향성을 잡을 수 있고, 실력을 평가할 수 있다. 이러한 학생들은 어떠한 기준에서 평가한다면 소수의 학생에게만 기회가 제공되고 공평하지 않으므로 학생들에게 많은 기회를 제공하기 위해 선정 기준이 다양하여 평준화 되지 않는 현실이다.

- 현장 실습을 통한 목표치 달성이므로 개발 경험과 실력을 기준으로 분류하였다.
- 교육기간은 총 20차수 (6~8시간/차수)로 진행된다.
  - 총 20차수 과정으로 첫째 주는 적응 주로서 기본 소양 교육과 회사 생활에 필요한 교육 및 레벨 테스트를 실시하고
  - 10차수와 20차수는 그동안 했던 교육에 대한 중간 평가와 최종 평가를 실시하며
  - 마지막 주는 그동안 했던 업무들을 정리하고 마무리 하는 시간을 보내도록 구성되어 있다.

▸▸ 차수별 담당자 현장실습 업무 내용

차수	담당자	교육내용
1차수	지도교수	상담 및 현장실습 오리엔테이션
	산업체지도위원	현장실습 지도 준비
	실습생	현장실습 준비
2차수	지도교수	실습업체 지도위원과 협조 유지 (현장실습 방문)
	산업체지도위원	실습생 적성분야별(항만물류관리/항만컨테이너터미널운영) 테스트 산업체 인성교육 실시
	실습생	현장실습 수행
3차수~ 9차수	산업체지도위원	적성분야별 실습생 현장실습 1단계 교육
	실습생	현장실습 수행
10차수	지도교수	현장실습 중간 방문
	산업체지도위원	실습생 적성분야별(항만물류관리/항만컨테이너터미널운영) 중간 평가 및 지도교수에게 보고
	실습생	현장실습 중간 보고
11차수~ 19차수	산업체지도위원	적성분야별 실습생 현장실습 2단계 교육
	실습생	현장실습 수행
20차수	지도교수	현장실습 최종 면담
	산업체지도위원	실습생 적성분야별(항만물류관리/항만컨테이너터미널운영) 최종 평가 및 지도교수에게 보고
	실습생	현장실습 최종 보고

1.1.3 현장실습 평가 기준

현장실습 평가 기준을 토대로 실시한다.

① 근무태도

② 업무능력

③ 언행, 용모, 예절

④ 협동심
⑤ 책임감
⑥ 실습학생이 업체에 기여한 정도

현장실습 평가 기준에 따라 다음과 같이 우수, 보통 및 미흡을 채점을 수행하게 되고 전공이 필요한 전공영역, 교양 및 인성영역 및 기타 관리자가 관찰한 사항들을 기술함으로써 해당 학생을 평가하게 될 것이다.

평 가 / 항 목	우 수		보 통	미 흡	
① 근무태도	5	4	3	2	1
② 업무능력	5	4	3	2	1
③ 언행, 용모, 예절	5	4	3	2	1
④ 협동심	5	4	3	2	1
⑤ 책임감	5	4	3	2	1
⑥ 실습학생이 업체에 기여한 정도	5	4	3	2	1
※ 보 완 사 항 (관리자가 직접작성)	1. 전공이 필요한 전공영역 2. 교양 및 인성영역 3. 기타 관리자가 관찰한 사항				

※ 해당란에 [○]으로 표기

part 2

항만물류분야 산업체

2.1 항만물류분야 산업체

2.1.1 항만물류분야 산업체 분류 및 소개

• 부산지역 물류산업의 위상

- 전국대비 부산지역의 물류산업 비중을 살펴보면, 화물취급업이 전국대비 48.0%의 높은 비중을 차지하고 있으며, 해상운송업과 수상운송지원서비스업이 각각 33.0%, 32.0%의 비중을 나타냄
- 업체수에 있어서는 육상운송지원서비스업이 2,184개 업체, 기타 운송관련서비스업이 1,881개로 많은 업체가 부산에 위치하고 있음

[표] 전국대비 부산지역 물류산업의 비중

구 분	해상 운송업	내륙 수상운송업	화물취급업	육상 운송지원 서비스업	수상 운송지원 서비스업	기타 운송관련 서비스업
전 국	880	235	674	7,573	151	8,511
부 산	294	45	324	2,184	49	1,881
비 중	33.0%	19.0%	48.0%	29.0%	32.0%	22.0%

※ 자료 : 통계청, 사업체 기초통계조사 자료

• 부산지역 물류산업의 지역경제 기여도

- 부산시 물류산업의 지역경제 기여도는 생산액의 20.6%, 부가가치의 21.5%, 취업자유발의 14.2%를 차지, 부산지역의 특화산업으로서의 역할을 하고 있음

[표] 부산지역 물류산업의 지역경제 기여도

단위 : 백만원, 명

구 분	생산액 (백만원)	지역경제 기여도(%)	부가가치액 (백만원)	지역경제 기여도(%)	취업자수 (명)	지역경제 기여도(%)
직접유발효과	67,090	9.98	22,644	7.25	49,160	4.37
간접유발효과	73,048	10.76	44,446	14.24	110,806	9.84
합 계	140,138	20.64	67,090	21.49	159,966	14.21

※ 자료 : 부산항만공사, 부산항 발전을 통한 지역경제 활성화 방안

- 부산지역 물류기업의 실태
  - 전국 1,000대 기업 중 부산지역의 기업은 총 46개 업체로 4.6%를 차지하고, 매출액은 약 17.5조원으로 전국대비 1.6%의 비중을 나타냄
  - 전국 100대 기업에 부산지역의 기업은 2개사가 포함되어 있으나, 모두 제조업체로 이외 기업들은 대다수 서울과 경기지역에 위치하고 있음
  - 1,000대 기업에 포함된 46개 업체 중 제조업체는 26개로 56.5%를 차지, 비제조업체는 20개(43.5%)이나 물류기업은 2개사로 전체대비 5.6%에 해당함
  - 부산지역에 본사를 둔 대형 물류회사의 비중이 매우 낮음을 의미하는 것으로, 지역내 기업들이 주로 중소형 물류기업임을 의미함
  - 업종별로 세부적으로 살펴보면, 하역업이 평균종사자수 23명, 평균매출액은 약 62.6억원으로 가장 큰 규모를 나타내고 있으며, 가장 작은 업종은 운송업으로 평균종사자수 2.4명, 매출액 4.1억원임

[표] 부산지역 물류산업의 업종별 평균 종사자수 및 매출액

구 분	업체수(개)	종사자(명)	평균종사자수(명)	매출액(백만원)	평균매출액(백만원)
운 송	10,309	24,728	2.4	4,205,061	408
하 역	357	8,215	23.0	2,233,413	6,256
포 장	54	910	16.9	38,521	713
정 보	7	54	7.7	5,562	795
보 관	241	2,872	11.9	573,730	2,381
서비스	3,807	33,012	8.7	5,809,517	1,526
제 조	3,416	23,131	6.8	1,221,516	358
합 계	18,191	92,922	5.1	14,087,320	774

※ 자료 : 부산광역시, 부산지역 항만물류산업 육성방안

  - 부산지역 물류산업 환경의 이점으로는 중국, 일본 등 거대시장에 대한 높은 접근성과 지리적 위치상의 강점, 글로벌 수준의 강력한 제조업 기반, 국내 제일의 해운·항만 세력을 보유하고 자생적인 물류산업의 군집화 형성이라 볼 수 있음
  - 2004년 총 교역규모 1조 1,545억불(중국), 1조 219불(일본)
  - 동북아 경제권의 중심부에 위치, 이동거리 측면에서 허브화의 장점
  - 반도체, 가전, 자동차, 철강, 선박 등 제조업 기반의 수출입 물동량 확보
- 항반산업은 선통적으로 인력위주의 노동집약적 산업으로 인식되어 왔으나 화물처리의 단

위화, 전문특수 터미널의 건설, 그리고 새롭게 현대화된 선박 및 하역장비의 출현으로 항만의 생산성을 크게 향상시켰을 뿐 아니라 산업의 형태도 자본집약형으로 바뀌게 되었음

- 이러한 항만산업의 변화는 하역시설과 장비의 배지운용, 수송방법 등을 포함한 항만의 효율적 운영등을 위하여 이를 체계적으로 다룰 수 있는 전문인력이 요구됨. 따라서 앞으로 항만산업은 인력구조상 일반 단순직은 줄어들고 관리 감독직은 늘어날 것으로 예상됨

• 항만물류분야
  - 수출입 화물이 항만에서 하역되어 고객에 이르기까지 이와 반대로 고객으로부터 항만에 이르러 선적되기까지의 화물과 관련정보를 이동시키는 과정에서 하역, 보관, 분류, 수송, 정보처리 등의 활동을 통해 화물의 흐름과 보관을 효율적으로 계획, 관리, 통제함으로서 항만(터미널)고객의 욕구를 충족시키고 항만(터미널)의 경쟁력을 제고시키는 분야
  - 항만을 둘러싼 환경은 끊임 없이 변화하고 있다. 이용자의 요구변화, 항만서비스 공급형태의 변화, 지역사회 요구증대, IT기술의 발전, 항만민영화, 하역기술의 발달, 항만노동조직의 변화 등 많은 환경이 변화하고 있음
  - 항만물류는 항만내에서 여러 단계의 작업을 거쳐 화물을 화주에게 또는 화주의 화물을 선박에 인수・인도하는 사업이지만 물류산업의 발전으로 선박에서 화주의 문전까지 일괄수송을 지향함에 따라 유통 관련 사업인 CY운영업, 창고보관업, 포장업, 철도운송업, 화물자동차운송업, 통관업 등을 유기적으로 결합시켜 이용자들의 기대에 부응함으로써 물적유통산업의 핵심적 역할을 담당
  - 컨테이너 터미널에서 소요되는 물류관리 인력은 터미널 영역 내에서 본선하역, 부두이송, CY작업, 인수・인도작업, CFS작업, 통관 등의 활동에 참여하는 인력으로서 타 산업분야와 다른 특수한 전문분야이기 때문에 타산업분야에서 쉽게 충원할 수 없을 뿐만 아니라 기존 컨테이너 터미널에서도 취급량의 증가에 따라 약간의 소요인원이 있을 뿐 잉여인력이 없는 실정
  - 항만물류분야는 업무 특성상 해운 및 무역과 밀접한 관계가 있고 본선자업과 전후하여 작업이 이루어지고 있기 때문에 선박의 특성 및 하역, 보관, 수송, 정보처리등 물류분야를 통합 관리할 수 있어야 함

• 항만컨테이너터미널운영 분야
  - 국토해양부, 관세청, 컨테이너터미널, 하역업체, 선사 등 항만 관련 조직간에 표준문서를 이용하여 컴퓨터간의 통신을 통해 정보공유와 문서를 전달함으로써 항만관련업무를 수행할 수 있도록 응용프로그램 및 통신시스템설치, 전자문서 작성과 송수신 및

시스템의 유지보수의 업무를 수행하는 분야

- 항만컨테이너터미널운영 분야는 항만의 운영은 물론 대 관청의 신고 등의 업무, 항만 원스톱 체제의 구축, 기관업체의 DB 통합화 및 정보공유, 일괄 수출입처리 시스템, 통관과 자금결제 등과 통합되거나 연계되어 있음
- 항만기술개발 방향으로써 물류망과 상역망을 통합하여 육상, 해상, 항공업무와 관련된 관세업무, 보험금융, 운송업무, 항만하역 등 모든 수출입관련업무를 One-Stop Service가 가능하도록 하고 내부시스템을 정비하여 EDI를 활성화 하고 있음
- 현재 개발되어 있는 전자문서를 재정비하고 새로운 전자문서를 표준화하여 새로운 업무를 개발하여 EDI 서비스 범위를 넓혀가고 있음
- 항만컨테이너터미널운영 분야는 항만하역 작업의 제반업무를 각 기관과의 EDI와 정보교환을 통해 해결하는 것으로 국토해양부의 신고, 허가 등의 업무와 관계된 Port-MIS, 컨테이너 터미널과 관계되는 업무인 터미널 EDI, 관세청의 신고·허가 등의 업무인 적하목록 EDI, 보세운송 EDI, 보세장치장 EDI, 반출입계 EDI, 하선이상유무보고 EDI, 위험물 EDI 업무 등으로 구분함
- 항만운영정보업무에 종사하는 사람들은 각 업종별로 회사 조직운영 형태가 상이하고 동일업종 내에서도 조직형태가 약간 상이하고, 업종 및 업체의 차이점을 고려하지 않으면 일반적으로 항만하역사업 등은 경영자 아래에 영업, 업무·서비스, 관리부서 등이 있으며 일반적으로 업무·서비스 아래에 전산부서나 운영 또는 업무부서를 두고 항만운영정보 업무를 담당 있음
- 우리나라의 수출입 화물 98% 정도가 항만을 통해 유통되고 있고, 화물운송의 복합일관운송체계의 확대, 체항시간의 단축 등으로 항만서비스의 제고, 항만하역효율 제고, 항만유발비용 절약 등을 위해 EDI 사용이 점점 확대되고 있고 일부 업무에 있어서는 의무화되고 있기 때문에 이 직종에 근무하는 종사자수가 급속도로 증가 할 것으로 예상됨
- 컨테이너터미널, 재래식부두에서 하역작업에 필요한 장비와 장치장 등에서 작업에 사용되는 장비 및 수송장비 등 모든 운영형태에서 이를 유지·보수 할 수 있는 전문분야
- 항만은 수차의 혁신적인 기간을 경험하면서 하역기술과 장비의 자동화에 큰 변화를 가져오고 있으며 선박에 설치된 하역장비는 인력으로 하는 데릭에서부터 동력을 이용한 더블 붐, 3개의 윈치를 사용한 싱글데릭, 각종 와이어 로우프등을 하나의 Unit으로 한 Jib Crane, 현재의 Container Crane까지 하역장비는 대형화, 자동화를 이루어지면서 다양한 장비를 활용하고 있음

2.1.2 현장실습 가능 직무분석

▣ 현장실습 매뉴얼 작성을 위한 교육과정을 직무분석을 통해서 실시함

▣ 직무분석을 위한 방법론 조사

- 직무분석 방법
  - 직무분석 방법은 분석 대상 직무의 성격, 수집 자료의 용도, 주어진 분석 조건 등에 따라 결정되며, 일반적으로 사용되는 주요 분석 방법은 최초분석법(New Analysis Method), 비교확인법(Verification Method), 그룹 토의기법(Group Process Method) 등이 있음
  - 최초분석법은 분석할 대상 직무는 직업이 산업 발전에 따라 새롭게 발생하여 참고할 자료가 없을 때에 적용하는 방법이고, 비교확인법은 이미 잘 알려진 직업으로 참고할 자료가 풍부할 경우에 능력적인 방법이며, 그룹 토의기법은 직무분석 대상 직종에 관련된 전문가 집단이 모여서 일정기간 동안 발표, 토의, 정리를 거쳐 직무를 분석하는 방법으로, 브레인스토밍법과 데이컴법이 있음
  - 데이컴법은 직업교육과 정의 개발에 가장 대표적으로 활용되는 직무분석 기법으로써, 전문교육기관의 교육과정 개발에서 산업현장의 실무전문가에 의한 현실적 요구를 도출하여 교육목표와 교육내용을 단시간 내에 추출할 수 있고, 접근방법 자체가 체계적이고 적용하기가 비교적 쉬운 방법임
  - 데이컴법에 의한 직업교육과정의 개발 단계에서는 교육목표와 인력육성(안)의 수립, 직무모형 설정, 책무와 작업 요소별 지식(knowledge) · 기술(skill) · 도구(tool)의 도출에 의한 작업 명세서 작성, 작업 명세서에 의한 교과목 도출, 교과목의 구성, 교과목 Profile의 작성, 교육과정안의 작성 순으로 과제 수행

	DACUM	CBC	Functional Analysis
도출하는 정보	• 직무의 정의 • 임무(Duty) • 작업(Task) • 필요 지식, 기술, 태도	• 직무의 정의 • 요구결과(Wanted Result) • 활동(Activity) • 활동별 지식, 기술, 가치	• 핵심목표(Key Purpose) • 주요기능(Main Function) • 하위기능(sub Function)
분석의 진행형태	• 임무의 목록을 나열 • 해당 임무에 맞는 작업 나열 • 작업의 위치 및 순서 조정 • 필요 지식, 기술, 태도 도출	• 해당 직무의 요구 결과 나열 • 활동 목록의 브레인스토밍 • 활동 목록의 Grouping • 활동별 지식, 기술, 가치 도출	• 핵심목표 정의 • 핵심목표를 위한 주요기능 나열 • 주요기능을 위한 하위기능 나열 • 결과물의 검토
소요인원 및 시간	• 5~12명의 현장전문가 • 진행자 및 서기 • 정식 진행시 약 2일 소요	• 4~6명의 현장전문가 • 진행자 • 일반적으로 하루 소요	• 4~6명의 현장전문가 • 진행자 • 일반적으로 하루 소요
결과물의 특성	• task oriented • 절차 및 프로세스 지향적 • 조직 전략 및 목표와 연계 미흡 • 구체성이 강함 • 기능 및 서비스업 직종에 적합	• result oriented • 역량(Competency) 중심적 • 조직 전략 및 목표와 연계 • 체계성 측면에서 보완 필요 • 기술, 경영지원 직종에 적합	• result oriented • contents-free한 결과물 • 산업/국가 단위의 분석에 적합 • 구체성의 보완이 필요 • 기술, 경영지원 직종에 적합
주요활용 사례	• 국내 전문대학 교과과정 설계에 다수 사례 • 미국의 State Skill Standards	• LG 그룹에서 널리 이용 • 미국 Motorola Univ.에서 주창	• 유럽훈련기금 및 ILO에서 주창 • 영국, 동유럽 및 CIS권, 중남미

[그림] 직무분석 방법 및 특징

▣ DACUM 방법에 따른 교육과정 개발 절차

▣ 1단계 : 직무분석 준비

• 자료 조사 및 면담
  - 분석의 항목인 직무의 범위, 책임, 권한, 자격 요건, 작업 환경 등에 대해 분석 목적에 알맞도록 이상적인 분석 방법에 따른 정도의 범위를 정해야 함
  - 직업별 직무분석 책임자는 1차 전문가 협의회를 개최하기 전에 직무분석 대상 직업에 대해서 자료 조사 및 현장 면담을 통하여 관련 기술 정보를 수집하고 직무의 범위 및 수준(안)을 설정하며, 직업 명세서의 초안을 작성해야 함

• 직무전문가(SME) 선정
  - 직무분석 협의회는 직무분석 대상 직업별로 구성하며, 현장 내용 전문가와 교육훈련 전문가들로 선정

▣ 2단계 : 직무모형 설정

• 1차 전문가 협의회
  - 실질적인 직무분석이 이루어지는 단계로, 각 직업의 책무와 작업 내용이 분류되고 일의 수행 목표가 정의됨

- 직무 모형 설정에 앞서 분석 대상 직업에 대한 개괄적인 직무의 정의를 하거나 직무에 필요한 요소들을 명확하게 정의하고 직무와 관련된 일에 포함 또는 배제시켜야 할 사항을 분명하게 정리, 확인
- 직무의 정의에 대해서 완전하게 만족하면 일을 수행하기 위해 필요한 책무를 선정하며, 수행 직무의 범위가 확정되면 쉬운 책무부터 책무 내용(작업) 도출

• 1차 현장 검토
- 1차 전문가 협의회에서 작성된 직무 모형은 실습생 적성분야별 내용과 밀접한 관계가 있으며, 이어질 직무분석 단계들의 기본이 되므로 신중히 검토해야 함
- 분석 책임자는 관련된 업체를 선정해서 현장 실무자와의 방문 면담을 통해 협의회에서 작성된 직무 모형에 대해 의견 수렴
- 산업 현장에서 해당 직무를 수행하는 실무자에게 검토받는 과정은 그 직무가 항만물류학부 학생들의 졸업 후 취업하여 수행할 수 있어야 하기 때문에 매우 중요

▣ 3단계 : 직업명세서 및 작업 분석

• 2차 전문가 협의회
- 1차 전문가 협의회에서 작성된 직무 모형에 대한 현장 의견을 검토, 반영하여 직무 모형을 확정하고 이에 따른 직무 모형에서 작업별 난이도, 중요도, 빈도를 근거로 교육훈련에서 꼭 필요한 핵심 작업(key task)을 결정함
- 작업 분석을 통하여 교육훈련 내용이 무엇인지를 알고, 해당 작업을 성공적으로 수행하기 위해서 필요한 KST(Knowledge, Skill, Task :지식, 기능, 태도)의 구성 요소를 추출한 후 실제적인 학습과제(learning task)를 찾아내어 효과적인 교수 체제를 개발하는 데 필요한 기초 자료 마련
- 작업 요소를 수행하는 데 있어서 꼭 알아야 할 이론 지식은 지식란에 기재하고, 기능란에는 작업 요소의 수행에 요구되는 기능을 기재하는데, 작업의 수행에 있어서 자연적으로 부가되는 또 다른 기술이나 기능까지를 포함하여 기재하고 도구란에는 작업 요소를 수행하는데 필요한 도구들을 기재

• 2차 현장 검토
- 2차 전문가 협의회의 결과에 대한 현장 검토는 작업 명세서의 작업 요소별로 추출된 지식, 기능, 도구의 내용이 직업교육훈련과정 및 출제기준 개발의 기반이 되기 위해 보다 폭넓은 현장의 의견을 수렴하는 데 목적이 있음

▣ 4단계 : 교육과정 코스 개발

• 3차 전문가 협의회
  - 2차 현장 검토 결과에 대하여 개선의 필요성이 있는 부분은 협의를 거쳐 수정·보완
  - 항만물류학부 적성분야를 개발하기 위해 작업 요소에서 추출된 지식, 기능, 도구를 재배열하면서 핵심 작업과의 관계를 구조화된 행렬표로 작성하고 연관된 지식과 기능을 조합하여 코스와 교과목 선정

▣ 5단계 : 교육훈련 상세화

• 4차 전문가 협의회
  - 분야별 코스 일람표를 작성하고 4단계에서 도출된 적성분야를 상세화 함
  - 교과목의 내용은 3단계의 2차 전문가 협의회에서 작업별 작업 요소를 설정할 때의 내용들과 4단계의 작업/지식, 기능, 도구 행렬표에서 구조화된 내용들이 반영되도록 작성하고 교육훈련 시간, 교육훈련 방법 및 요구되는 주장비를 설정
  - 교육훈련을 이수하는 경로를 쉽게 이해할 수 있도록 하기 위하여 교육훈련 이수 경로(road map) 작성

■ 직무모형

책무 (Duty)	작업 (Task)		
A 항만 개요	A-1 항만개요 파악하기	A-2 항만구성요소 이해하기	A-3 터미널 종류 및 특성 파악하기
		A-4 차세대 터미널 특성 파악하기	
B 항만 장비	B-1 항만장비 개요 이해하기	B-2 C/C 종류 및 특성 이해하기	B-3 T/C 종류 및 특성 이해하기
	B-4 컨테이너 종류 및 특성 이해하기	B-5 S/C 특성 이해하기	B-6 항만장비 관리하기
C 항만 운영	C-1 항만 운영 시스템 파악하기	C-2 항만 운영 절차 계획하기	C-3 항만 운영 관리 실무 계획하기
	C-4 양적하 운영 방법 파악하기	C-5 게이트 운영 실무 계획하기	C-6 장치장 운영 실무 계획하기
	C-7 컨테이너터미널운 영 실무 계획하기	C-8 항만 하역시스템 운영하기	C-9 하역시뮬레이터 실습하기
D 물류 기초	D-1 물류개요 파악하기	D-2 물류활동 파악하기	D-3 운송개요 파악하기

	D-4 보관하역개요 파악하기	D-5 포장개요 파악하기	D-6 물류정보 개요 파악하기
	D-7 물류표준화 수립하기	D-8 해사개요 파악하기	
E 운송	E-1 공로 화물운송 계획 파악하기	E-2 해상 화물운송 계획 수립하기	E-3 항공 화물운송 계획 수립하기
	E-4 철도 화물 운송 계획 수립하기	E-5 복합 화물운송 계획 수립하기	E-6 운송별 포워딩 실무 파악하기
F 보관	F-1 보관개념 파악하기	F-2 보관창고 관리하기	F-3 보관시설 특징 파악하기
	F-4 물류센터 관리하기	F-5 물류센터실무전략 수립하기	F-6 재고관리 개념 이해하기
	F-7 재고모형 계획 수립하기	F-8 재고관리 기법 파악하기	
G 하역	G-1 하역개념 이해하기	G-2 철도하역계획 수립하기	G-3 해상하역계획 수립하기
	G-4 항공하역계획 수립하기	G-5 하역시스템 특징 파악하기	G-6 하역시설 파악하기
		G-7 하역장비 관리하기	

H 포장	H-1 포장 개요 이해하기	H-2 포장 재료 이해하기	H-3 포장 기법 이해하기
		H-4 포장 표준화 계획 수립하기	
I 물류관리	I-1 물류관리 기획하기	I-2 항만설계 및 관리하기	I-3 물류유통 기획하기
	I-4 국제물류 관리하기	I-5 항만 배후부지 운영하기	I-6 물류관련 법규 이해하기
	I-7 유통 법규 및 정책 기획하기	I-8 유통 관리 기획하기	I-9 물류 품질관리 기획하기
		I-10 구매 및 자재관리하기	
J 물류기능	J-1 물류산업단지 설계하기	J-2 물류정책 기획하기	J-3 물류현장 실습하기
	J-4 물류공학 개요 이해하기	J-5 대기이론 설계하기	J-6 물류배후부지 설계하기
K 물류경영	K-1 물류 통계 분석하기	K-2 조사 방법론 기획하기	K-3 경제학 개론 이해하기

	K-4 경영학 개론 이해하기	K-5 전자상거래 이해하기	K-6 물류회계관리 기획하기
	K-7 물류재무관리 기획하기	K-8 경영과학(OR) 분석하기	K-9 물류비 산정하기
	K-10 물류유통망 설계하기	K-11 고객관리 기획하기	K-12 물류 마케팅 전략 설계하기
	K-13 생산관리 기획하기	K-14 생산관리 구축하기	
L 물류정보	L-1 물류정보 개요 파악하기	L-2 물류정보시스템 설계하기	L-3 물류시스템 최적화하기
	L-4 EDI 관리하기	L-5 JIT 계획 수립하기	L-6 TMS 계획 수립하기
	L-7 WMS 계획 수립하기	L-8 OMS 계획 수립하기	L-9 물류정보 계획하기
M 물류 기획·설계	M-1 물류목표 설정하기	M-2 물류센터 계획하기	M-3 물류센터 기획하기
	M-4 물류센터 진단평가하기	M-5 수배송 경로 결정하기	M-6 수배송 실시 계획 수립하기
		M-7 수배송 관리 및 평가하기	

N 물류시스템	N-1 물류통계 분석하기	N-2 물류시스템 분석하기	N-3 물류시스템 설계하기
	N-4 물류시스템 구축하기	N-5 물류 생산시설 설계하기	N-6 물류시스템 운영체제분석하기
	N-7 물류시스템 운영체제설계하기	N-8 물류정보시스템 구축 계획하기	N-9 지능형 물류 시스템 설계하기
	N-10 지능형 물류 시스템 구축하기	N-11 물류정보시스템 구축하기	N-12 물류시스템 최적화하기
O 물류 프로그래밍	O-1 물류데이터베이스 설계하기	O-2 물류데이터베이스 코딩하기	O-3 물류데이터베이스 구축하기
	O-4 객체지향프로그램 설계하기	O-5 객체지향프로그램 코딩하기	O-6 물류응용프로그램 구조 분석하기
	O-7 물류응용프로그램 설계하기	O-8 물류 웹프로그램 설계하기	O-9 물류 웹프로그램 코딩하기
		O-10 물류 웹프로그램 구축하기	
P 글로벌 물류	P-1 물류공급망 설계하기	P-2 물류공급망 구축하기	P-3 물류공급망 관리하기
	P-4 TPL 개요 파악하기	P-5 TPL 설계하기	P-6 TPL 관리하기

	P-7 글로벌 물류 영어 회화하기	P-8 글로벌 물류 영어 강독하기	P-9 글로벌 무역영어 활용하기
Q IT물류	Q-1 물류전산 실무 작업하기	Q-2 유비쿼터스 물류 개요 파악하기	Q-3 RFID 시스템 설계하기
	Q-4 RFID 시스템 구축하기	Q-5 GIS 물류시스템 설계하기	Q-6 GIS 물류시스템 구축하기
	Q-7 유비쿼터스 물류 공학 이해하기	Q-8 물류네트워킹 설계하기	Q-9 물류네트워킹 구축하기

▣ 직무분석

※ 난이도 등급 : 높음(A), 보통(B), 낮음(C)
※ 중요도 등급 : 높음(A), 보통(B), 낮음(C)
※ 수행 빈도 등급 : 높음(A), 보통(B), 낮음(C)

(1) 항만개요 직무 분석

A. 항만개요 작업 내용		작업분석 결과		
		난이도	중요도	수행 빈도
A-1	항만개요 파악하기	A	B	C
A-2	항만구성요소 이해하기	A	B	C
A-3	터미널 종류 및 특성 파악하기	B	B	B
A-4	차세대 터미널 특성 파악하기	B	B	B

(2) 항만장비 직무분석

B. 항만장비 작업 내용		작업분석 결과		
		난이도	중요도	수행 빈도
B-1	항만장비 개요 이해하기	B	C	B
B-2	C/C 종류 및 특성 이해하기	B	A	B
B-3	T/C 종류 및 특성 이해하기	B	A	B
B-4	컨테이너 종류 및 특성 이해하기	B	A	B
B-5	S/C 특성 이해하기	B	A	B
B-6	항만장비 관리하기	B	C	B

(3) 항만운영 직무분석

C. 항만운영 작업 내용		작업분석 결과		
		난이도	중요도	수행 빈도
C-1	항만 운영 시스템 파악하기	A	B	C
C-2	항만 운영 절차 계획하기	A	B	C
C-3	항만 운영 관리 실무 계획하기	A	B	C
C-4	양적하 운영 방법 파악하기	A	B	C
C-5	게이트 운영 실무 계획하기	A	B	C
C-6	장치장 운영 실무 계획하기	A	B	C
C-7	컨테이너터미널운영 실무 계획하기	B	B	B
C-8	항만 하역시스템 운영하기	A	B	C
C-9	하역시뮬레이터 실습하기	A	B	C

(4) 물류기초 직무분석

D. 물류기초 작업 내용		작업분석 결과		
		난이도	중요도	수행 빈도
D-1	물류개요 파악하기	C	A	A
D-2	물류활동 파악하기	C	A	A
D-3	운송개요 파악하기	C	A	A
D-4	보관하역개요 파악하기	C	A	A
D-5	포장개요 파악하기	C	A	A
D-6	물류정보개요 파악하기	C	A	A
D-7	물류표준화 수립하기	C	A	A
D-8	해사개요 파악하기	C	A	A

(5) 운송 직무분석

E. 운송 작업 내용		작업분석 결과		
		난이도	중요도	수행 빈도
E-1	공로 화물운송 계획 파악하기	C	A	B
E-2	해상 화물운송 계획 수립하기	C	A	B
E-3	항공 화물운송 계획 수립하기	C	A	B
E-4	철도 화물 운송 계획 수립하기	C	A	B
E-5	복합 화물운송 계획 수립하기	C	A	B
E-6	운송별 포워딩 실무 파악하기	C	A	B

(6) 보관 직무분석

F. 보관 작업 내용		작업분석 결과		
		난이도	중요도	수행 빈도
F-1	보관개념 파악하기	B	A	B
F-2	보관창고 관리하기	B	A	B
F-3	보관시설 특징 파악하기	B	A	B
F-4	물류센터 관리하기	A	B	C
F-5	물류센터실무전략 수립하기	A	B	C
F-6	재고관리 개념 이해하기	A	B	C
F-7	재고모형 계획 수립하기	A	B	C
F-8	재고관리 기법 파악하기	A	B	C

(7) 하역 직무분석

G. 하역 작업 내용		작업분석 결과		
		난이도	중요도	수행 빈도
G-1	하역개념 이해하기	B	A	B
G-2	철도하역계획 수립하기	B	A	B
G-3	해상하역계획 수립하기	B	A	B
G-4	항공하역계획 수립하기	B	A	B
G-5	하역시스템 특징 파악하기	B	A	B
G-6	하역시설 파악하기	B	A	B
G-7	하역장비 관리하기	B	C	B

(8) 포장 직무분석

H. 포장 작업 내용		작업분석 결과		
		난이도	중요도	수행 빈도
H-1	포장 개요 이해하기	B	C	B
H-2	포장 재료 이해하기	B	C	B
H-3	포장 기법 이해하기	B	C	B
H-4	포장 표준화 계획 수립하기	B	C	B

(9) 물류관리 직무분석

I. 물류관리 작업 내용		작업분석 결과		
		난이도	중요도	수행 빈도
I-1	물류관리 기획하기	A	C	C
I-2	항만설계 및 관리하기	A	C	C
I-3	물류유통 기획하기	A	C	C
I-4	국제물류 관리하기	A	C	C
I-5	항만배후부지 운영하기	A	B	C
I-6	물류관련법규 이해하기	A	B	C
I-7	유통법규 및 정책 기획하기	A	C	C
I-8	유통관리 기획하기	A	C	C
I-9	물류 품질관리 기획하기	A	C	C
I-10	구매 및 자재 관리하기	A	C	C

(10) 물류기능 직무분석

J. 물류기능 작업 내용		작업분석 결과		
		난이도	중요도	수행 빈도
J-1	물류산업단지 설계하기	A	C	C
J-2	물류정책 기획하기	A	C	C
J-3	물류현장 실습하기	A	B	C
J-4	물류공학 개요 이해하기	A	C	C
J-5	대기이론 설계하기	A	C	C
J-6	물류배후부지 설계하기	A	C	C

(11) 물류경영 직무분석

K. 물류경영 작업 내용		작업분석 결과		
		난이도	중요도	수행 빈도
K-1	물류 통계 분석하기	B	B	B
K-2	조사 방법론 기획하기	B	B	B
K-3	경제학 개론 이해하기	B	C	B
K-4	경영학 개론 이해하기	B	B	B
K-5	전자상거래 이해하기	B	B	B
K-6	물류회계관리 기획하기	A	B	C
K-7	물류재무관리 기획하기	B	B	B
K-8	경영과학(OR) 분석하기	B	C	B
K-9	물류비 산정하기	A	B	C
K-10	물류유통망 설계하기	B	C	B
K-11	고객관리 기획하기	B	C	B
K-12	물류 마케팅 전략 설계하기	A	B	C
K-13	생산관리 기획하기	B	B	B
K-14	생산관리 구축하기	B	B	B

(12) 물류정보 직무분석

L. 물류정보 작업 내용		작업분석 결과		
		난이도	중요도	수행 빈도
L-1	물류정보 개요 파악하기	A	B	C
L-2	물류정보시스템 설계하기	A	B	C
L-3	물류시스템 최적화하기	A	B	C
L-4	EDI 관리하기	A	C	C
L-5	JIT 계획 수립하기	A	C	C
L-6	TMS 계획 수립하기	A	C	C
L-7	WMS 계획 수립하기	A	C	C
L-8	OMS 계획 수립하기	A	C	C
L-9	물류정보 계획하기	A	B	C

(13) 물류기획·설계 직무분석

M. 물류기획·설계 작업 내용		작업분석 결과		
		난이도	중요도	수행 빈도
M-1	물류목표 설정하기	A	B	C
M-2	물류센터 계획하기	A	B	C
M-3	물류센터 기획하기	A	B	C
M-4	물류센터 진단평가하기	A	B	C
M-5	수배송 경로 결정하기	A	B	C
M-6	수배송 실시 계획 수립하기	A	B	C
M-7	수배송 관리 및 평가하기	A	B	C

(14) 물류시스템 직무분석

N. 물류시스템 작업 내용		작업분석 결과		
		난이도	중요도	수행 빈도
N-1	물류 통계 분석하기	A	B	C
N-2	물류시스템 분석하기	A	B	C
N-3	물류시스템 설계하기	A	B	C
N-4	물류시스템 구축하기	A	B	C
N-5	물류 생산시설 설계하기	A	B	C
N-6	물류시스템 운영체제 분석하기	A	B	C
N-7	물류시스템 운영체제 설계하기	A	B	C
N-8	물류정보시스템 구축 계획하기	A	B	C
N-9	지능형 물류 시스템 설계하기	A	B	C
N-10	지능형 물류 시스템 구축하기	A	B	C
N-11	물류정보시스템 구축하기	A	B	C
N-12	물류시스템 최적화하기	A	B	C

(15) 물류프로그래밍 직무분석

O. 물류프로그래밍 작업 내용		작업분석 결과		
		난이도	중요도	수행 빈도
O-1	물류 데이터베이스 설계하기	A	B	C
O-2	물류 데이터베이스 코딩하기	A	B	C
O-3	물류 데이터베이스 구축하기	A	B	C
O-4	객체지향 프로그램 설계하기	B	B	B
O-5	객체지향 프로그램 코딩하기	B	B	B
O-6	물류 응용프로그램 구조 분석하기	B	B	B
O-7	물류 응용프로그램 설계하기	B	B	B
O-8	물류 웹프로그램 설계하기	A	B	C
O-9	물류 웹프로그램 코딩하기	A	B	C
O-10	물류 웹프로그램 구축하기	A	B	C

(16) 글로벌 물류 직무분석

P. 글로벌 물류 작업 내용		작업분석 결과		
		난이도	중요도	수행 빈도
P-1	물류 공급망 설계하기	A	B	C
P-2	물류 공급망 구축하기	A	B	C
P-3	물류 공급망 관리하기	A	B	C
P-4	TPL 개요 파악하기	A	B	C
P-5	TPL 설계하기	A	B	C
P-6	TPL 관리하기	A	B	C
P-7	글로벌 물류 영어 회화하기	B	B	B
P-8	글로벌 물류 영어 강독하기	A	B	C
P-9	글로벌 무역영어 활용하기	A	B	C

(17) IT 물류 직무분석

Q. IT 물류 작업 내용		작업분석 결과		
		난이도	중요도	수행 빈도
Q-1	물류전산 실무 작업하기	B	B	B
Q-2	유비쿼터스 물류 개요 파악하기	A	B	C
Q-3	RFID 시스템 설계하기	A	B	C
Q-4	RFID 시스템 구축하기	A	B	C
Q-5	GIS 물류시스템 설계하기	A	B	C
Q-6	GIS 물류시스템 구축하기	A	B	C
Q-7	유비쿼터스 물류 공학 이해하기	A	B	C
Q-8	물류네트워킹 설계하기	A	C	C
Q-9	물류네트워킹 구축하기	A	C	C

▣ 직무분석에 따른 적성분야(항만물류관리, 항만물류정보시스템 및 항만물류장비) 도출

(1) 항만개요 작업에 따른 적성분야 도출

<table>
<tr><th colspan="3">A. 항만 개요 작업내용과 관련 교과목 도출</th></tr>
<tr><td>A-1</td><td>항만개요 파악하기</td><td rowspan="4">항만물류관리</td></tr>
<tr><td>A-2</td><td>항만구성요소 이해하기</td></tr>
<tr><td>A-3</td><td>터미널 종류 및 특성 파악하기</td></tr>
<tr><td>A-4</td><td>차세대 터미널 특성 파악하기</td></tr>
</table>

(2) 항만장비 직무분석

<table>
<tr><th colspan="3">B. 항만장비 작업내용과 관련된 교과목 도출</th></tr>
<tr><td>B-1</td><td>항만장비 개요 이해하기</td><td rowspan="6">항만컨테이너터미널운영</td></tr>
<tr><td>B-2</td><td>C/C 종류 및 특성 이해하기</td></tr>
<tr><td>B-3</td><td>T/C 종류 및 특성 이해하기</td></tr>
<tr><td>B-4</td><td>컨테이너 종류 및 특성 이해하기</td></tr>
<tr><td>B-5</td><td>S/C 특성 이해하기</td></tr>
<tr><td>B-6</td><td>항만장비 관리하기</td></tr>
</table>

(3) 항만운영 직무분석

<table>
<tr><th colspan="3">C. 항만운영 작업 내용과 관련된 교과목 도출</th></tr>
<tr><td>C-1</td><td>항만 운영 시스템 파악하기</td><td rowspan="9">항만물류관리</td></tr>
<tr><td>C-2</td><td>항만 운영 절차 계획하기</td></tr>
<tr><td>C-3</td><td>항만 운영 관리 실무 계획하기</td></tr>
<tr><td>C-4</td><td>양적하 운영 방법 파악하기</td></tr>
<tr><td>C-5</td><td>게이트 운영 실무 계획하기</td></tr>
<tr><td>C-6</td><td>장치장 운영 실무 계획하기</td></tr>
<tr><td>C-7</td><td>컨테이너터미널운영 실무 계획하기</td></tr>
<tr><td>C-8</td><td>항만 하역시스템 운영하기</td></tr>
<tr><td>C-9</td><td>하역시물레이터 실습하기</td></tr>
</table>

(4) 물류기초 직무분석

D. 물류기초 작업 내용과 관련된 교과목 도출		
D-1	물류개요 파악하기	항만물류관리
D-2	물류활동 파악하기	
D-3	운송개요 파악하기	
D-4	보관하역개요 파악하기	
D-5	포장개요 파악하기	
D-6	물류정보개요 파악하기	
D-7	물류표준화 수립하기	
D-8	해사개요 파악하기	

(5) 운송 직무분석

E. 운송 작업 내용과 관련된 교과목 도출		
E-1	공로 화물운송 계획 파악하기	항만물류관리
E-2	해상 화물운송 계획 수립하기	
E-3	항공 화물운송 계획 수립하기	
E-4	철도 화물 운송 계획 수립하기	
E-5	복합 화물운송 계획 수립하기	
E-6	운송별 포워딩 실무 파악하기	

(6) 보관 직무분석

F.보관 작업 내용과 관련된 교과목 도출		
F-1	보관개념 파악하기	항만물류관리
F-2	보관창고 관리하기	
F-3	보관시설 특징 파악하기	
F-4	물류센터 관리하기	
F-5	물류센터실무전략 수립하기	
F-6	재고관리 개념 이해하기	
F-7	재고모형 계획 수립하기	
F-8	재고관리 기법 파악하기	

(7) 하역 직무분석

G. 하역 작업 내용과 관련된 교과목 도출		
G-1	하역개념 이해하기	항만물류관리
G-2	철도하역계획 수립하기	
G-3	해상하역계획 수립하기	
G-4	항공하역계획 수립하기	
G-5	하역시스템 특징 파악하기	
G-6	하역시설 파악하기	
G-7	하역장비 관리하기	

(8) 포장 직무분석

H. 포장 작업 내용과 관련된 교과목 도출		
H-1	포장 개요 이해하기	항만물류관리
H-2	포장 재료 이해하기	
H-3	포장 기법 이해하기	
H-4	포장 표준화 계획 수립하기	

(9) 물류관리 직무분석

I. 물류관리 작업 내용과 관련된 교과목 도출		
I-1	물류관리 기획하기	항만물류관리
I-2	항만설계 및 관리하기	
I-3	물류유통 기획하기	
I-4	국제물류 관리하기	
I-5	항만배후부지 운영하기	
I-6	물류관련법규 이해하기	
I-7	유통법규 및 정책 기획하기	
I-8	유통관리 기획하기	
I-9	물류 품질관리 기획하기	
I-10	구매 및 자재 관리하기	

(10) 물류기능 직무분석

J. 물류기능 작업 내용과 관련된 교과목 내용 도출		
J-1	물류산업단지 설계하기	항만물류관리
J-2	물류정책 기획하기	
J-3	물류현장 실습하기	
J-4	교통공학 개요 이해하기	
J-5	대기이론 설계하기	
J-6	물류배후부지 설계하기	

(11) 물류경영 직무분석

K. 물류경영 작업 내용과 관련된 교과목 도출		
K-1	물류 통계 분석하기	항만물류관리
K-2	조사 방법론 기획하기	
K-3	경제학 개론 이해하기	
K-4	경영학 개론 이해하기	
K-5	전자상거래 이해하기	
K-6	물류회계관리 기획하기	
K-7	물류재무관리 기획하기	
K-8	경영과학(OR) 분석하기	
K-9	물류비 산정하기	
K-10	물류유통망 설계하기	
K-11	고객관리 기획하기	
K-12	물류 마케팅 전략 설계하기	
K-13	생산관리 기획하기	
K-14	생산관리 구축하기	

(12) 물류정보 직무분석

L. 물류정보 작업 내용과 관련된 교과목 도출		
L-1	물류정보 개요 파악하기	항만컨테이너터미널운영
L-2	물류정보시스템 설계하기	
L-3	물류시스템 최적화하기	
L-4	EDI 관리하기	
L-5	JIT 계획 수립하기	
L-6	TMS 계획 수립하기	
L-7	WMS 계획 수립하기	
L-8	OMS 계획 수립하기	
L-9	물류정보 계획하기	

(13) 물류기획·설계 직무분석

M. 물류기획·설계 작업 내용과 관련된 교과목 도출		
M-1	물류목표 설정하기	항만물류관리
M-2	물류센터 계획하기	
M-3	물류시설 기획하기	
M-4	물류시설 진단평가하기	
M-5	수배송 경로 결정하기	
M-6	수배송 실시 계획 수립하기	
M-7	수배송 관리 및 평가하기	

(14) 물류시스템 직무분석

N. 물류시스템 작업 내용과 관련된 교과목 도출		
N-1	물류 통계 분석하기	항만물류관리
N-2	물류시스템 분석하기	
N-3	물류시스템 설계하기	
N-4	물류시스템 구축하기	
N-5	물류 생산시설 설계하기	
N-6	물류시스템 운영체제 분석하기	
N-7	물류시스템 운영체제 설계하기	
N-8	물류정보시스템 구축 계획하기	
N-9	지능형 물류 시스템 설계하기	
N-10	지능형 물류 시스템 구축하기	
N-11	물류정보시스템 구축하기	
N-12	물류시스템 최적화하기	

(15) 물류프로그래밍 직무분석

O. 물류프로그래밍 작업 내용과 관련된 교과목 도출		
O-1	물류 데이터베이스 설계하기	항만컨테이너터미널운영
O-2	물류 데이터베이스 코딩하기	
O-3	물류 데이터베이스 구축하기	
O-4	객체지향 프로그램 설계하기	
O-5	객체지향 프로그램 코딩하기	
O-6	물류 응용프로그램 구조 분석하기	
O-7	물류 응용프로그램 설계하기	
O-8	물류 웹프로그램 설계하기	
O-9	물류 웹프로그램 코딩하기	
O-10	물류 웹프로그램 구축하기	

(16) 글로벌 물류 직무분석

P. 글로벌 물류 작업 내용과 관련된 교과목 도출		
P-1	물류 공급망 설계하기	항만물류관리
P-2	물류 공급망 구축하기	
P-3	물류 공급망 관리하기	
P-4	TPL 개요 파악하기	
P-5	TPL 설계하기	
P-6	TPL 관리하기	
P-7	글로벌 물류 영어 회화하기	
P-8	글로벌 물류 영어 강독하기	
P-9	글로벌 무역영어 활용하기	

(17) IT 물류 직무분석

Q. IT 물류 작업 내용과 관련된 교과목 도출		
Q-1	물류전산 실무 작업하기	항만컨테이너터미널운영
Q-2	유비쿼터스 물류 개요 파악하기	
Q-3	RFID 시스템 설계하기	
Q-4	RFID 시스템 구축하기	
Q-5	GIS 물류시스템 설계하기	
Q-6	GIS 물류시스템 구축하기	
Q-7	유비쿼터스 물류 공학 이해하기	
Q-8	물류네트워킹 설계하기	
Q-9	물류네트워킹 구축하기	

part 3

현장실습 OJT교육과정

3.1 현장실습 OJT교육과정

3.1.1 사전교육프로그램 (오리엔테이션)

직장 기본예절

실습생들은 산업체 지도위원의 지도하에 직장 내 기본예절을 미리 경험함으로써 향후 취업 시 예절에 어긋나지 않는 올바른 직장 생활이 될 것이다. 직장 예절에는 직장 생활 마음가짐, 직장 내에서의 기본예절, 하급자/상급자에 대한 예절, 사무실 예절, 상담 예절, 명함교환 예절, 악수예절, 회의실 예절, 대화 예절, 전화 예절, 용모와 복장 등 있으나, 이들 중 몇 가지만 소개하여 숙지하도록 한다.

직장

- 직장을 절대로 "잠시 쉬었다 가는 곳"으로 생각하지 말라.
- 직장은 가장 왕성하게 활동할 시절에 "돈을 받아가면서 무엇인가 배우는 수련의 장"이다.
- 하루 생활의 3분의 1을 보내는 "삶의 터전"이다.
- 언제나 노력의 대가는 헛되지 않다.

인사 예절

- 인사란
  - 인간관계가 시작되는 만남의 첫 신호이다.
  - 상대방에게 줄 수 있는 첫 번째 감동이다.
  - 인사는 상대방을 위하기보다는 나 자신을 위한 것이다.
  - 상대방에 대한 존경심과 친절을 나타내는 형식이다.
- 인사의 5 point
  - 내가 먼저
  - 상대방의 눈을 보고 미소 지으며
  - 상대방에게 맞추어서
  - 명랑하게 호칭하며
  - 표정을 밝게, 지속적으로

출근 예절

- 출근시간 10분전까지 도착하여 간단한 청소, 정리정돈 및 하루의 일과 계획을 점검한다.
- 사무실에 들어서면 인사를 망설이지 말고 상사나 동료를 향해 "안녕하십니까?" 라고 먼저 한다.
- 아침에는 활기찬 표정과 태도로서 명랑한 인사를 나눈다.
- 윗사람이 들어서면 일어서서 인사를 한다.
- 부득이한 사정으로 결근 또는 지각을 했을 경우에는 상사에게 솔직하게 사유를 보고 한다. (슬그머니 자리에 앉는 것은 좋지 않다) 그러나 이때, 먼저 사과부터 한다. 이유나 변명부터 먼저 하는 것은 예의가 아니다.

근무 예절

- 회사의 규정을 준수하며 단정하고 예의 바른 업무태도를 갖는다.
- 개인적인 전화나 잡담을 삼가 한다.
- 회사의 규정을 준수하며 단정하고 예의 바른 업무태도를 갖는다.

- 사적 방문객으로 회사의 업무에 지장을 가져와서는 안 된다.
- 근무시간 중에는 업무와 관련이 없는 책을 읽는다든지 개인적인 일을 하지 않는다.
- 식사시간은 정해진 시간 이상으로 보내지 않는다.
- 매일 업무에 관련된 모든 문서의 정리, 분류, 보관이 밀리지 않도록 한다.

퇴근 예절

- 책상 위는 깨끗이 정돈하고 의자는 책상 밑으로 집어넣는다.
- 퇴근 준비는 근무시간이 끝난 다음에 하고, 시간이 채 되기 전에 슬그머니 정리하지 않도록 하며, 가능하면 하던 일을 끝내는 성의가 있어야 한다.
- 퇴근 시간이 되면 업무를 마무리하고 내일 할 일을 간단하게 기록해 둔다.
- 상사나 남아계시는 분들께 "먼저 퇴근하겠습니다. 먼저 나가겠습니다."등 간단한 인사를 잊지 않도록 한다.
- 전화 약속을 여러 곳에 해둔 채로 퇴근하는 일이 없도록 한다.

자리 비울 때

- 공적이든 사적이든 외출할 때는 가능하면 미리 상사에게 말씀을 드린다.
- 30분 이상 자리를 비울 때는 책상을 정리하고 떠나도록 하고, 옆 동료에게 외출의 목적과 행선지, 귀사 예정 시간을 분명히 알려주고 떠나야 한다.

대화예절

- 대화란
  - 대화는 서로간의 의사전달, 감정과 인격의 교류이다.
  - 대화에 참여한 나 자신이 바로 회사의 얼굴이다.
- 대화의 기본 요소
  - 대화는 말하기와 듣기의 반복이다.
  - 말하기와 듣기의 포인트 : 어조, 시선, 표정, 태도등
- 적극적 경청
  - 흥미와 성의를 보이려는 마음가짐이 중요하다.
  - 상대방의 마음을 불안하게 하지 않는다.
  - 시선을 자주 마주치면서 듣는다.
  - 상대방의 말에 맞장구를 치거나 복창을 한다.
  - 질문을 함으로써 상대방을 신나게 한다.

전화예절

- 전화는 보이지 않는 회사의 얼굴이다.
  - 전화 받는 태도에 따라 회사와 본인에 대한 느낌이나 이미지에 커다란 영향을 줄 수 있다. 좀 더 친절하고, 좀 더 명랑하게, 상대를 존중하는 마음으로 전화를 받아 보자.
- 전화는 벨이 울리자마자 받는 것이 예의이다.
- 세 번 이상 벨 소리가 울린 후에 받을 때에는 "늦어서 죄송합니다."하고 전화를 받는 것이 상대방에 대한 예의이다.
- 전화 받는 사람의 목소리가 그 회사의 첫인상!
  - 전화를 받을 때는 먼저 분명하고 정확하게 자신을 밝혀야 한다.
    (항상 "정성을 다하겠습니다. ××부 ×××입니다."라고 말한다.)
  - 전화 통화는 항상 존댓말을 쓴다.
- 메모를 위해 펜과 종이를 준비한다.
- 전화를 받을 사람이 자리에 없을 경우, 용건을 물어 요점을 메모한다.
- 전화를 끊을 때는 작별 인사를 잊지 말아야 한다.
- 상대가 전화를 끊는 것을 확인하고 끊는다.

회의예절

- 회의 목적을 이해한다.
  - 배포된 자료는 사전에 읽어본다.
  - 의제에 대한 의견, 견해를 정리해 둔다.
- 회의 시간을 엄수한다.
  - 일시와 장소를 확인해 둔다.
  - 먼 거리는 교통편을 확인해 둔다.
- 혼자서 너무 오랫동안 말하지 말고 여러 사람이 의사를 개진 할 수 있도록 배려한다.
- 남에게 불쾌감을 주는 태도나 발언은 금물이다.
- 회의 규칙을 존중한다.
- 발언 내용은 주제에서 벗어나지 않는 것이어야 한다.
- 의제와 관계없는 사담은 피한다.
- 남의 말을 가로막거나 중단시키는 행위는 삼가야 한다.

자기개발 계획서

▸▸ Life Management 설계

Life Management를 하는 목적은 인생의 성공 자가 되기 위해서이다.
성공 자가 되기 위해서는 2가지 요소 – 방향성(Vision)과 그것을 이룰 수 있는 지속성(System)이 요구된다.
방향성을 명확히 하고 그것을 달성할 수 있는 추진성과 한정된 자원을 재 집중, 관리하는 자기계발의 마음가짐이 있어야 한다.
그것이 바로 삶의 비전을 창조하는 일이다.

- Life Management를 위한 체계적인 방안
  - 현 위치에서 자신을 분석하고 경쟁력을 키운다.
  - 자기 관리의 계획을 세우고 자신의 가치관을 점검한다.
  - 자기계발의 방법과 균형 잡힌 삶을 관리한다.
  - 목표를 설정하고 실천방안을 검토한다.

- 무계획은 실패를 계획하는 것이다.
  - 목표는 세워서 무엇하나? 내 능력은 내가 알고 있는데...
  - 지금은 너무 바빠서 계획을 세울 시간조차 없다. 한가할 때 세워야지.
  - 중간 중간에 예상치 못한 일이 너무 많아서 계획을 세워도 소용이 없다?
  - 난 계획을 세우는데 시간이 너무 오래 걸려! 차라리 그냥 하자.
  - 지금까지 계획을 여러 번 세워 보았지만 지킨 적이 거의 없다.
  - 계획을 세우는 것은 시간낭비이다.
  - 매번 세워도 지켜지지 않는 목표?
  - 순간순간 최선을 다하면 되지 골치 아프게 무슨 목표설정을...
  - 목표설정은 중요한 줄이야 알지만 실천하기가 어려워서...
  - 뻔한 목표, 뻔한 결과, 내 머리 속에 다 있는 걸...

▸▸ 자기 자신에 대한 신념

- 나는 신념을 가진 사람이다.
  - 나는 내가 성공할 것이라는 신념을 믿으며, 이 신념은 내 삶의 목적을 제시하고 더 나은 방향으로 이끌어 줄 것이다.

- 나는 고결한 사람이다.
  - 나는 신뢰를 얻을 수 있도록 언행할 것이며, 나의 고결한 윤리 의식은 타인을 고무시

키고 내 삶의 올바른 품행기준이 될 것이다.

• 나는 충실한 사람이다.
  - 나는 내 조직이 위대한 조직으로 발전해 나가는데 충실한 노력을 다할 것이다.

• 나는 목표를 가진 사람이다.
  - 나는 구체적이고 명확한 중, 단기 목표를 실천하여 궁극적인 목표를 달성할 것이다.

• 나는 자상한 사람이다.
  - 나의 강점과 약점을 파악하고, 동료들에게 진심 어린 관심으로 이해하려 노력할 것이다.

• 나는 유연한 사람이다.
  - 나는 열린 사고를 견지할 것이며, 기꺼이 새로운 아이디어를 수용하고 나눌 것이다.

• 나는 전문가이다.
  - 내 직업의 전문가가 되기 위한 필요 지식과 기술을 습득하여, 내가 하는 일의 변화 방향을 정확히 파악할 것이다.

• 나는 다른 사람을 동기부여 하는 사람이다.
  - 나 스스로의 강력한 동기부여는 물론 다른 사람들을 동기 부여하는 능력을 키워나갈 것이다.

• 나는 야망을 가진 사람이다.
  - 나의 야망은 풍요로운 나의 삶을 위한 사회적인 책임과 의무를 이행하는데 열정을 다하는 것이다.

• 나는 자비로운 사람이다.
  - 아름다운 사랑을 배품으로써 우리 모두를 풍요롭게 할 것이다.

• 나는 우호적인 사람이다.
  - 나는 다른 사람들의 생각과 감정, 행동에 관심을 가져 그들을 이해하고 감사히 여기려고 노력할 것이다.

• 나는 용기 있는 사람이다.
  - 용기란 두려움을 정복하는 것임을 알고, 두려움을 이겨내어 나의 목표를 이룰 것이다.

▸▸ 자기혁신을 위한 준비

- 자신이 매너리즘에 빠져있는지 점검할 의식을 스스로 갖는다.
- 명확한 미래의 목표를 설계하고 도전, 노력한다.
- 무슨 일이든 호기심을 갖고 미지의 것에 대하여 탐구하는 자세를 갖는다.
- 자신의 능력과 체력의 한계를 극복하려 한다.
- 매일 매일 자신을 위한 동기부여를 하도록 한다.
- 스스로 곤란한 일에 몰두하여 전력투구한다.
- 언제나 장래의 꿈과 희망을 지니고 있다.
- 미래를 위한 계획적인 자기계발을 지속한다.

▸▸ 보편적 인생목표 검토

인생의 각 항목별로 중점목표를 적어보세요

영역별 항목	중 점 목 표
건강 영역	
경제 영역	
가정 영역	
직장 영역	
사회 영역	
여가 영역	
개발 영역	

※ 조금만 생각하면 몇 개의 항목을 묶어서 프로젝트로 만들 수 있을 겁니다.
그러면 당신은 1번의 주된 노력으로 더 많은 것들을 성취할 수 있습니다.

▸▸ 개인의 목표달성을 위한 조인

1. 당신의 목표는 당신 스스로의 것이어야 한다.
2. 목표는 명확하고 구체적이며 글로 씌어져야 합니다.
3. 단기목표에서부터 착수한다.
4. 당신의 목표에서 합법성, 윤리성, 도덕성을 검토한다.
5. 목표는 현실성이 있고 실현 가능하여야 한다.
6. 시한을 명시하는 것이 목표달성에 도움을 준다.

▸▸ 창조적 자기완성의 과정

- 제1단계 : 자기 내부와의 대화(내어:Endophasia)를 통하여 강한 열망을 마음속으로부터 갖는 욕구를 구체화 시키는 동기를 부여한다.
- 제2단계 : 어떤 것을 어떻게 진행해 나가겠다는 구체적 자기계발의 행동계획이 수립되어져야 한다.
- 제3단계 : 강한 도전의식과 직접 일에 부딪침으로 해서 그 일 속에서 얻어지는 노력의 기쁨을 획득하는 만족을 얻도록 한다.
- 제4단계 : (동기부여 - 행동계획 수립 - 도전의식의 획득)으로 비롯된 구체적 자기완성의 목표가 자기 스스로를 위해 긍정적이고 적극적으로 플러스가 되고 있다는 창조 의식을 갖도록 한다.

▸▸ 당신은 어떤 자세로 일하는가?

직장에는 크게 두 가지 타입의 사람들이 일하고 있다.
하나는 의무감으로 마지못해서 일하는 사람이고 또 하나는 신명나게 일하는 사람이다.
전자는 실패자가 되기 쉽고, 후자는 성공자가 되기 쉽다.
시계를 차고 다니는 이유도 "성공자는 출근 시간을 보기 위해서이고 실패자는 퇴근 시간을 보기 위해서"라는 말이 있다. 대부분의 실패자들은 근무시간 중에도 자주 시계를 들여다본다. 시간이 안 가기 때문이다.
실패자들에게 있어서 일은 재미없는 의무일 뿐이다. 의무니까 하지 않으면 안 된다는 의식으로 '하는 척' 하다가 틈만 나면 일에서 벗어나려고 한다.
한편 성공자들은 근무시간에 충실함은 물론이고 근무시간 이외에도 기회만 있으면 열심히 일을 한다. 그들은 일하기를 좋아하기 때문이다. 일하고 난 다음에 오는 성취감을 느끼기 때문이다.
재미있는 조사가 있다. 여객기 안에서 1등석과 2등석에 앉아 있는 사람들을 대상으로 일곱 번에 걸쳐 조사를 해 보았다. 그런데 비행 중에도 1등석에서 일을 하고 있는 사람이 32.6%나 됐고, 2등석에서 일을 하고 있는 사람은 12%였다. 2등석보다 1등석이 3배 가까이 일을 하고 있는 셈이다.

▸▸ 변화와 일에 임하는 마음가짐

1. 주인정신

- 업무를 수행함에 있어 구성원 스스로가 주제가 되어, 결정하고 실행하며 책임지는 정신
  - 자발적 문제제기 및 해결
  - 정성과 혼이 깃 들인 제품 개발 및 생산을 한다.
  - 개인이 가지고 있는 능력을 최대로 발휘하여 조직으로부터 부여된 사명을 책임지고 수행하며, 그 행동에 대하여 공정하게 평가받는다.
- "사람은 기업경쟁력을 창출하는 근간으로 회사의 가장 중요한 자산이다."
- "기업의 구성원 한사람, 한사람이 사회적 가치창출의 주체가 되어야 하며 가치창출의 주체로서 당사자 의식이 필요하다"

2. 목표의식

책임의식과 의욕을 가지고 적극적으로 능력을 발휘하고, 자주적으로 업무 수행하는 보람과 성취감을 갖게 되면 회사 목표를 효율적으로 달성할 수 있을 것이다.

3. 팀워크 정신

팀워크는 조화 있는 힘의 융합이며, 개인의 희생정신과 팀원들의 협력이 뒷받침될 때 강화될 수 있다.

4. 원가의식

원가절감의 노력은 아이디어의 개발, 관리방법의 개선, 제조방법의 변경 등에 의해 끊임없이 계속되어야 하며, 그것은 기업의 숙명인 것이다.

5. 개선의식

〈이 일은 왜 꼭 이렇게만 해야 하나?〉 〈다른 방법은 없는가?〉 〈보다 좋은 방법도 있을 것이다〉라는 문제의식이야 말로 개선의 시발점이라 할 수 있다.

6. 시간개념

1일 24시간을 어떻게 사용하느냐에 따라 가치가 서로 다르게 창조되는 것이며, 사용하지 않는 시간은 시간이 될 수 없는 것이다.

7. 정보의식

인터넷, TV, 신문, 잡지, 라디오 등의 매스컴, 회의장소, 식당, 버스 속에서도 귀에 들리는 아무런 관계가 없는 남의 대화에서도 때때로 중대한 정보를 얻을 수 있다.

8. 품질 의식

구매자의 요구에 합치되는 품질의 제품을 보다 싼 가격으로 생산하지 못하면 그 기업은 그 순간부터 파멸의 길을 걷고 있는 것이다.

▸▸ 자기계발의 추진방법

- 현재 및 장래의 자기를 분석한다.
  - 장점, 단점 및 갖추어야 할 필요요건을 분석한다.
  - 특색을 발휘하는 것도 중요하다.
- 자기계발의 계획을 세운다.
  - 장점을 신장시키고, 단점을 보완하도록 계획한다.
  - 목표(수준, 기간)을 정한다.
  - 생활설계와도 조화를 갖춘다.
- 확실히 실행한다.
  - 계획에 따라 확실히 실행한다.
  - 끈기 있게 실행해 나간다.
- 진보, 발전의 성과를 반성한다.
  - 일기를 쓰는 것도 좋은 반성법의 하나다. 실행이 불충분한 점은 스스로 의식하고 추진한다.

▸▸ 성공자와 실패자

구 분	성 공 자	실 패 자
진 보	발전을 하고 있다.	축소 또는 현상유지만 생각한다.
미 래	상당히 유망하다고 생각한다.	극히 제한되어 있다고 생각한다.
일	스스로 찾아내어 일을 하려고 한다. 특히 다른 사람의 일을 도우려고 한다.	누가 시키는 일만 하거나 가능한 한 일을 피하려고 한다.
경 쟁	최고의 경지에 이른 사람(상품)과 경쟁한다.	보통사람(상품)을 경쟁상대로 삼는다.
목 표	목표를 높은 곳에 둔다.	목표를 낮은 곳에 둔다.
비 전	장기적인 관점에서 생각한다.	단기밖에 보지 못한다.
교 우	긍정적이고 진보적인 사람과 교제한다.	부정적이며 현상 유지적으로 생각하는 사람과 교제
실 패	별로 중요하지 않는 실패는 무시한다.	작은 실패를 크게 생각한다.

3.1.2 분야별 교육과정 소개

• 항만물류관리분야
  - 수출입 화물이 항만에서 하역되어 고객에 이르기까지 이와 반대로 고객으로부터 항만에 이르러 선적되기까지의 화물과 관련정보를 이동시키는 과정에서 하역, 보관, 분류, 수송, 정보처리 등의 활동을 통해 화물의 흐름과 보관을 효율적으로 계획, 관리, 통제함으로서 항만(터미널)고객의 욕구를 충족시키고 항만(터미널)의 경쟁력을 제고시키는 분야
  - 항만물류는 항만내에서 여러 단계의 작업을 거쳐 화물을 화주에게 또는 화주의 화물을 선박에 인수·인도하는 사업이지만 물류산업의 발전으로 선박에서 화주의 문전까지 일괄수송을 지향함에 따라 유통 관련 사업인 CY운영업, 창고보관업, 포장업, 철도운송업, 화물자동차운송업, 통관업 등을 유기적으로 결합시켜 이용자들의 기대에 부응함으로써 물류산업의 역할을 담당을 할 수 있는 직무교육을 실습하게 되는 교육과정
  - 컨테이너 터미널에서 소요되는 물류관리 인력은 터미널 영역 내에서 본선하역, 부두이송, CY작업, 인수·인도작업, CFS작업, 통관 등의 업무에도 필요한 업무 실습 수행하는 교육과정
  - 항만물류분야는 업무 특성상 해운 및 무역과 밀접한 관계가 있고 본선작업과 전후하여 작업이 이루어지고 있기 때문에 선박의 특성 및 하역, 보관, 수송, 정보처리등 물류분야를 통합 관리할 수 있는 실무 능력 실습하는 교육과정

• 항만컨테이너터미널운영 분야
  - 국토해양부, 관세청, 컨테이너터미널, 하역업체, 선사 등 항만 관련 조직간에 표준문서를 이용하여 컴퓨터간의 통신을 통해 정보공유와 문서를 전달함으로써 항만관련업무를 수행할 수 있도록 응용프로그램 및 통신시스템설치, 전자문서 작성과 송수신 및 시스템의 유지보수의 업무를 수행하는 분야
  - 항만물류정보시스템은 항만의 운영은 물론 대 관청의 신고 등의 업무, 항만 원스톱체제의 구축, 기관업체의 DB 통합화 및 정보공유, 일괄 수출입처리 시스템, 통관과 자금결제 등과 통합되거나 연계되어 이들 업무를 수행할 수 있는 실무 능력을 실습하는 교육과정
  - 항만기술개발 방향으로써 물류망과 상역망을 통합하여 육상, 해상, 항공업무와 관련된 관세업무, 보험금융, 운송업무, 항만하역 등 모든 수출입관련업무를 One-Stop

Service가 가능하도록 하고 내부시스템을 정비하여 EDI를 활성화 할 수 있는 운영 능력을 실습하는 교육과정

- 항만물류정보시스템은 항만하역 작업의 제반업무를 각 기관과의 EDI와 정보교환을 통해 해결하는 것으로 국토해양부의 신고, 허가 등의 업무와 관계된 Port-MIS, 컨테이너 터미널과 관계되는 업무인 터미널 EDI, 관세청의 신고·허가 등의 업무인 적하목록 EDI, 보세운송 EDI, 보세장치장 EDI, 반출입계 EDI, 하선이상유무보고 EDI, 위험물 EDI 업무 등으로 구분하고 이들 업무를 수행할 수 있는 업무를 실습하게 되는 교육과정
- 항만운영정보업무에 종사하는 사람들은 각 업종별로 회사 조직운영 형태가 상이하고 동일업종 내에서도 조직형태가 약간 상이하고, 업종 및 업체의 차이점을 고려하지 않으면 일반적으로 항만하역사업 등은 경영자 아래에 영업, 업무·서비스, 관리부서 등이 있기 때문에 항만운영에 관련된 다양한 관리 업무 실습을 수행하는 교육과정 임
- 컨테이너터미널, 재래식부두에서 하역작업에 필요한 장비와 장치장 등에서 작업에 사용되는 장비 및 수송장비 등 모든 운영형태에서 이를 유지·보수 할 수 있는 전문분야
- 항만은 수차의 혁신적인 기간을 경험하면서 하역기술과 장비의 자동화에 큰 변화를 가져왔고 선박에 설치된 하역장비는 인력으로 하는 데릭에서부터 동력을 이용한 더불붐, 3개의 윈치를 사용한 싱글데릭, 각종 와이어 로우프등을 하나의 Unit으로 한 Jib Crane, 현재의 Container Crane까지 하역장비는 대형화, 자동화를 이루어지면서 다양한 장비를 활용한 운영을 수행할 수 있는 교육과정임

3.1.3 항만물류관리분야 교육과정

1차수

현장실습 전 사전 조사와 오리엔테이션을 미리 수행합니다.

실습생

- 지도교수와 면담
- 현장실습업체의 사전 조사 : 산업체의 사업 분야, 위치, 조직도 등 파악
- 현장실습에 관한 내용 이해

산업체 교육 담당자

- 현장실습 분야 선정 - 지도교수와 상담
- 현장실습 관련 서류 및 양식 점검
- 실습생 맞이할 준비

지도교수

- 산업체 교육 담당자와 상담 (전화, 직접 방문 등) : 현장실습 계획 사전 조율
- 실습생 상담
  - 현장실습 오리엔테이션 (수업계획서, 실습업체 등 사전 설명)
  - 1차 초기 점검 평가 작성

(1) 1차 초지 점검 작성 (지도교수)

항 목	점 검 내 용	작 성
산업체 사업 분야	• 산업체의 주력 사업 분야 및 현장실습 분야가 무엇인가?	
	• 산업체 사업 분야에 맞는 학과 전공 기초 교육과정이 무엇인가?	
	• 산업체 사업 분야에 맞는 학과 전공 심화 교육과정이 무엇인가?	
전공 능력	• 현장실습 분야에 맞는 전공 기초 능력이 어느 정도인가?	
	• 현장실습 분야에 맞는 전공 심화 능력이 어느 정도인가?	
	• 전공 설계 능력(포트폴리오 또는 설계보고서 점검)이 어느 정도인가?	
	• 실습생의 현장실습 목표는 달성되었는가?	
현장적응능력	• 팀워크 능력이 어느 정도인가?	
	• 산학관련 과제 수행 경험이 있는가?	
	• 직무인성에 대한 인지도는 어느 정도인가?	
초기 점검 평가	(평가 의견 작성)	

2차수

현장실습 첫 번째 차수로 실습생과 산업체 교육 담당자와의 첫 대면입니다.

실습생

- 현장실습 계획 및 목표 기준치 설정
- 항만물류분야 테스트 받음
- 현장 직무 인성 교육 수행 및 자기개발 계획서 작성

(1) 현장실습 계획 및 목표 기준치 작성

산업체 교육 담당자의 월간/주간 계획서에 의거 실습생의 기준에 맞게 목표 기준치 작성

교과목명			
실습기간	20 . . ~ 20 . .	회사명	
지도교수		산업체교육담당자	

▸ 월(주)별 주요계획 ◂

월	월별 주요 실습 계획과 목표를 기입
1차수 : 각차수 주요 실습 계획과 목표를 기입	
2차수 :	
3차수 :	
4차수 :	
5차수 :	
월	월별 주요 실습 계획과 목표를 기입
6차수 : 각차수 주요 실습 계획과 목표를 기입	
7차수 :	
8차수 :	
9차수 :	
10차수 :	
월	월별 주요 실습 계획과 목표를 기입
11차수 : 각차수 주요 실습 계획과 목표를 기입	
12차수 :	
13차수 :	
14차수 :	
15차수 :	
월	월별 주요 실습 계획과 목표를 기입
16차수 : 각차수 주요 실습 계획과 목표를 기입	
17차수 :	
18차수 :	
19차수 :	
20차수 :	

(2) 자기개발 계획 작성

OJT 실습생 자기계발 계획서

※ 실습 2차수 인성교육 시간에 작성

실습생	성명	(인)	소속		지도교수명	(인)
산업체교육담당자	성명	(인)	소속		담당업무	

▣ Vision 설정과 장애요인(학생)

구 분	기대치	장애요인
개 인		
가 정		
직 장		
내가 생각하는 성공이란?		

▣ 자기계발 종합계획서(학생)

부문	계발항목	목 표	기간	방 법	기타
자신					
가정					
직장					
기타					

산업체 교육 담당자

- 실습생에게 회사 소개
- 실습생 부서별 테스트 수행
- 월간 계획서 작성
- 직무 인성교육 실시(직무 인성교육 가이드 참조)

(3) 실습분야 테스트 작성

OJT 실습생 실습분야 테스트 결과

<table>
<tr><td>실습생</td><td>성명</td><td>(인)</td><td>소속</td><td></td><td>지도교수명</td><td>(인)</td></tr>
<tr><td>교육자</td><td>성명</td><td>(인)</td><td>소속</td><td></td><td>담당업무</td><td></td></tr>
<tr><td>테스트일자</td><td colspan="6"></td></tr>
<tr><td rowspan="4">테스트방법</td><td colspan="2">방법(택일 가능)</td><td colspan="3">결과 내용</td><td>평가(상,중,하)</td></tr>
<tr><td colspan="2">산업체 지도위원의 면담/상담 또는 실습생의 포트폴리오</td><td colspan="3"></td><td></td></tr>
<tr><td colspan="2">항만물류개요 및 항만운영 능력 이해도</td><td colspan="3"></td><td></td></tr>
<tr><td colspan="2">항만컨테이너터미널 장비, 운영정보시스템 직무 이해도</td><td colspan="3"></td><td></td></tr>
<tr><td>결과</td><td colspan="6">항만물류관리분야( ), 항만컨테이너터미널운영분야( )
※ 2개중 한 항목에 ○ 표시</td></tr>
<tr><td>총 평</td><td colspan="6">※ 테스트 담당자 총평 기입</td></tr>
</table>

(4) OJT 월간 계획서 작성

OJT 월간 계획서

구 분	교육분야	기술적 측면	지식적 측면	태도적 측면
세부내용	항만물류관리			

▣ 월별 계획

일 정		교 육 내 용	일 정		교 육 내 용
교 육 1월차	교육목표		교 육 4월차	교육목표	
	1차수			13차수	
	2차수			14차수	
	3차수			15차수	
	4차수			16차수	
	비 고			비 고	
교 육 2월차	교육목표		교 육 5월차	교육목표	
	5차수			17차수	
	6차수			18차수	
	7차수			19차수	
	8차수			20차수	
	비 고			비 고	
교 육 3월차	교육목표		교 육 6월차	교육목표	
	9차수			21차수	
	10차수			22차수	
	11차수			23차수	
	12차수			24차수	
	비 고			비 고	

지도교수

- 현장실습 업체 1차 방문
- 산업체 교육 담당자 면담 및 산학협력프로그램 교류 활성화

(5) 현장방문 면담 내용 작성

소　속	대학　　　　학과(부)	지도교수	(인)
업 체 명		대표자명 (담당자명)	(인)
일　시	20　　년　　월　　일		
방문목적			
구체적 지도내용	기업과의 교류 및 학생 지도내용을 구체적으로 기입하여 주십시오.		
현장지도 실시에 대한 개인소견			

(6) 분야별 교육 과정

▣ 항만물류관리 교육 일정

차수	교육내용	
3차	항만물류 의의	항만물류관리 개념 및 물류관련 분야
4차	항만물류현황	
5차	컨테이너터미널 운영	
6차	하역장비 운영	
7차	물동량 현황 파악하기	
8차	항만경쟁력 및 부두별 하역능력현황 파악하기	
9차	물동량예측하기	
10차	중간평가	
11차	항만물류시장환경 현황 파악하기	
12차	항만 사용료 파악하기	
13차	사용료 추정 파악하기	
14차	물류관리 및 SCM 이해하기	
15차	화물운송 파악하기	
16차	보관하역 파악하기	
17차	팔렛트 개요	
18차	바코드 및 RFID 이해하기	
19차	EDI, 와이브로 및 XML/EDI 파악하기	
20차	기말평가	

3-6차수

(1) 주간계획서 작성

OJT 주간 계획서 - 전반기 교육과정

<table>
<tr><td colspan="2">소 속</td><td></td><td>실습시작일자</td><td></td><td>담당업무</td><td></td></tr>
<tr><td colspan="2">성 명</td><td></td><td>책임자명</td><td></td><td>담당팀장</td><td></td></tr>
<tr><td colspan="2">교육목표</td><td colspan="5"></td></tr>
<tr><td colspan="2">교육명</td><td colspan="5">항만물류관리교육과정</td></tr>
<tr><td colspan="7">교 육 계 획 표</td></tr>
<tr><td colspan="3">교 육 일 정</td><td rowspan="2">교 육 담 당</td><td colspan="3" rowspan="2">교 육 내 용</td></tr>
<tr><td>차수</td><td colspan="2">일 자</td></tr>
<tr><td>3차수</td><td colspan="2"></td><td></td><td colspan="3"></td></tr>
<tr><td>4차수</td><td colspan="2"></td><td></td><td colspan="3"></td></tr>
<tr><td>5차수</td><td colspan="2"></td><td></td><td colspan="3"></td></tr>
<tr><td>6차수</td><td colspan="2"></td><td></td><td colspan="3"></td></tr>
</table>

(2) 교육담당자 업무일지 작성

<table>
<tr><th colspan="4">OJT 업무 일지 - 전반기 교육과정</th></tr>
<tr><td>작 성 자</td><td></td><td>작성일자</td><td></td></tr>
</table>

<table>
<tr><td colspan="2" rowspan="2">교육자</td><td>부서/직급</td><td></td></tr>
<tr><td>성 명</td><td></td></tr>
<tr><td>교육과정명
(교육 수준)</td><td colspan="3"></td></tr>
<tr><td>교 육 사 항
(실 습 내 용)</td><td colspan="3"></td></tr>
<tr><td colspan="4">주 간 교 육 평 가</td></tr>
<tr><td>느낀 점</td><td colspan="3"></td></tr>
</table>

지도교수

- 주기적인 실습생과 산업체 교육 담당자와 연락을 통한 현장실습 진행사항 점검
- 비정기적인 산업체 현장 방문 (방문시 현장방문 보고서 작성)

3차수

(1) 3차 교육과정 : 항만물류 의의

(2) 주요교육내용 : 본 교육과정은 항만물류의 주요 정의와 항만물류체계를 나타내고 이를 통한 항만물류의 이점과 필요성을 파악한다.

주요요소	실 시 내 역
항만정의 파악하기	• 항만의 개념에 대해 파악할 수 있다. • 항만의 역할에 대해서 파악할 수 있다. • 항만의 주요 기능에 대해 파악할 수 있다.
물류정의 파악하기	• 물류에 대해서 이해할 수 있다. • 물류의 유래에 대해서 파악할 수 있다. • 물류의 주요 기능에 대해서 파악할 수 있다.
항만물류정의파악하기	• 항만물류에 대해서 이해할 수 있다. • 항만물류의 특징에 대해서 파악할 수 있다.

(3) 적용 범위

- 본 교육과정은 항만물류의 주요 기능과 항만물류의 체계를 나타내고 이를 실제 필요한 물류를 파악하고 항만을 이해한다.
- 현실적인 학습과 실제의 항만물류시스템을 이해한다.
- 항만과 물류 및 항만물류의 주요 특징을 찾아본다.
- 항만의 정의와 분류를 찾아본다.

(4) 현장실습일지 작성 (1건/1일)

교과목명	현장실습	기술지도 위원확인
실습일자	20　　년　　월　　일 (　)	
실습 단원명		

※ 반드시 실습 현장사진 및 업체 지도위원 명함 첨부(별지)

주요 실습내용 (전반기 교육과정)	
실습 분야	항만물류관리
실습개요 및 목　표	
실습내용	
실습에 사용된 기자재	
실습내용에 대한 자기소견	

4차수

(1) 4차 교육과정 : 항만물류현황

(2) 주요교육내용 : 본 교육과정은 항만물류현황과 항만환경의 변화와 해운 환경의 변화를 알아본다.

주요요소	실 시 내 역
항만환경 변화 파악하기	• 항만 및 해운 산업에 대해서 파악할 수 있다. • 항만환경의 변화에 대해서 파악할 수 있다. • 우리나라 항만물동량에 대해서 파악할 수 있다. • 컨테이너물동량 비중 추이에 대해서 파악할 수 있다.
해운환경 변화 파악하기	• 해운환경의 변화에 대해서 파악할 수 있다. • 동아시아 항만물류 현황에 대해서 파악할 수 있다. • 해운사업의 국민경제적 의의에 대해서 파악할 수 있다.
동아시아 항만물류현황 파악하기	• 동북아시아 항만물동량에 대해서 파악할 수 있다. • 동북아시아 컨테이너물동량 처리실적에 대해서 파악할 수 있다. • 동북아시아 환적컨테이너물동량 처리실적에 대해서 파악할 수 있다.

(3) 적용 범위

- 본 교육과정은 항만물류의 현황과 주요 변화를 나타내고 이를 통해 해운시장의 변화를 이해한다.
- 현실적인 학습과 동아시아 항만 물류현황을 활용한다.
- 사용자 구성을 위한 해운항만의 변화 적용사례를 찾아본다.
- 해운환경 개념을 이해하고 이점과 필요성을 인지한다.

(4) 현장실습일지 작성 (1건/1일)

<table>
<tr><td>교과목명</td><td>현장실습</td><td>기술지도
위원확인</td></tr>
<tr><td>실습일자</td><td>20 년 월 일 ( )</td><td rowspan="2"></td></tr>
<tr><td>실습 단원명</td><td></td></tr>
</table>

※ 반드시 실습 현장사진 및 업체 지도위원 명함 첨부(별지)

<table>
<tr><td colspan="2">주요 실습내용 (전반기 교육과정)</td></tr>
<tr><td>실습 분야</td><td>항만물류관리</td></tr>
<tr><td>실습개요
및
목 표</td><td></td></tr>
<tr><td>실습내용</td><td></td></tr>
<tr><td>실습에 사용된
기자재</td><td></td></tr>
<tr><td>실습내용에 대한
자기소견</td><td></td></tr>
</table>

5차수

(1) 5차 교육과정 : 컨테이너터미널 운영

(2) 주요교육내용 : 본 교육과정은 컨테이너터미널 주요 기능과 컨테이너터미널의 기능을 나타내고 이를 통한 컨테이너터미널을 파악한다.

주요요소	실 시 내 역
컨테이너터미널 기능 파악하기	• 컨테이너터미널의 개념에 대해서 파악할 수 있다. • 컨테이너터미널의 도입에 대해서 파악할 수 있다. • 컨테이너터미널의 체계에 대해서 파악할 수 있다.
컨테이너터미널구축 조건 및 주요시설 파악하기	• 컨테이너터미널의 구축조건에 대해서 파악할 수 있다. • 컨테이너터미널의 주요시설에 대해서 파악할 수 있다. • 컨테이너터미널의 이점 및 필요성에 대해서 파악할 수 있다.
컨테이너 업무 파악하기	• 컨테이너터미널의 작업영역 대해서 파악할 수 있다. • 컨테이너터미널의 하역계획에 대해서 파악할 수 있다. • 컨테이너터미널의 장치계획에 대해서 파악할 수 있다. • 컨테이너터미널의 양적하계획에 대해서 파악할 수 있다.

(3) 적용 범위

- 본 교육과정은 컨테이너터미널의 주요 기능과 체계를 나타내고 이를 실제 필요한 컨테이너터미널의 업무를 파악하고 이해한다.
- 현실적인 학습과 컨테이너터미널에 대한 동영상을 활용한다.
- 사용자 구성을 위한 컨테이너터미널의 구축사례를 찾아본다.
- 컨테이너터미널의 개념을 이해하고 이점과 필요성을 인지한다.

(4) 현장실습일지 작성 (1건/1일)

<table>
<tr><td>교과목명</td><td>현장실습</td><td>기술지도
위원확인</td></tr>
<tr><td>실습일자</td><td>20 년 월 일( )</td><td rowspan="2"></td></tr>
<tr><td>실습 단원명</td><td></td></tr>
</table>

※ 반드시 실습 현장사진 및 업체 지도위원 명함 첨부(별지)

주요 실습내용 (전반기 교육과정)	
실습 분야	항만물류관리
실습개요 및 목 표	
실습내용	
실습에 사용된 기자재	
실습내용에 대한 자기소견	

6차수

(1) 6차 교육과정 : 하역장비 운영

(2) 주요교육내용 : 본 교육과정은 하역장비의 주요 기능과 하역장비체계를 나타내고 이를 통한 하역장비를 파악한다.

주요요소	실 시 내 역
하역 및 하역기본원칙 파악하기	• 하역의 개념에 대해서 파악할 수 있다. • 하역의 기본원칙에 대해서 파악할 수 있다. • 하역작업의 체계에 대해서 파악할 수 있다. • 하역작업의 기능에 대해서 파악할 수 있다.
하역작업 파악하기	• 하역장소에 대해서 파악할 수 있다. • 하역작업의 단계에 대해서 파악할 수 있다. • 부선 양적하 작업에 대해서 파악할 수 있다. • 예부선 운송작업에 대해서 파악할 수 있다.
하역장비 종류 파악하기	• 하역장비의 종류에 대해서 파악할 수 있다. • 주요항만의 하역장비 현황에 대해서 파악할 수 있다. • 하역장비의 기능에 대해서 파악할 수 있다.

(3) 적용 범위

- 본 교육과정은 하역의 주요 기능과 하역체계를 나타내고 이를 실제 필요한 하역장비를 파악하고 하역을 이해한다.
- 현실적인 학습과 실제의 하역장비를 활용한다.
- 사용자 구성을 위한 하역장비의 종류를 찾아본다.
- 하역의 개념을 이해하고 이점과 필요성을 인지한다.

(4) 현장실습일지 작성 (1건/1일)

교과목명	현장실습	기술지도 위원확인
실습일자	20 년 월 일 ( )	
실습 단원명		

※ 반드시 실습 현장사진 및 업체 지도위원 명함 첨부(별지)

주요 실습내용 (전반기 교육과정)	
실습 분야	항만물류관리
실습개요 및 목 표	
실습내용	
실습에 사용된 기자재	
실습내용에 대한 자기소견	

7-10차수

(1) 주긴계획서 작성

OJT 주간 계획서 - 전반기 교육과정

소 속		실습시작일자		담당업무	
성 명		책임자명		담당팀장	
교육목표					
교육명	항만물류관리교육과정				

교 육 계 획 표			
교 육 일 정		교 육 담 당	교 육 내 용
차수	일 자		
7차수			
8차수			
9차수			
10차수			

(2) 교육담당자 업무일지 작성

OJT 업무 일지 - 전반기 교육과정			
작 성 자		작성일자	

교육자		부서/직급	
		성 명	
교육과정명 (교육 수준)			
교 육 사 항 (실 습 내 용)			
주 간 교 육 평 가			
느낀 점			

지도교수

- 주기적인 실습생과 산업체 교육 담당자와 연락을 통한 현장실습 진행사항 점검
- 비정기적인 산업체 현장 방문 (방문시 현장방문 보고서 작성)

7차수

(1) 7차 교육과정 : 물동량 현황 파악하기

(2) 주요교육내용 : 본 교육과정은 물동량현황과 국가간 물동량의 변화 및 기존 물동량 추정 자료 분석과 필요성을 파악하는 것이다.

주요요소	실 시 내 역
국가간 컨테이너 물동량 현황 파악하기	• 국가간 컨테이너 물동량 현황을 파악한다. • 컨테이너 물동량 추이를 파악한다. • 대상항만 컨테이너 물동량 추이를 파악한다.
컨테이너 물동량 추이 파악하기	• 부두별 컨테이너 물동량 추이를 파악한다. • 물류의 유래에 대해서 파악한다. • 기존 물동량 추정 자료 분석 현황을 파악한다.
기존 물동량 추정 자료 분석현황 파악하기	• 각 기관별 물동량 처리실적을 이해한다. • 각 기관별 물동량 예측치를 이해한다. • 국토해양부 전국무역항 기본계획에 대해 파악한다.

(3) 적용 범위

- 본 교육과정은 국가별 컨테이너물동량현황을 파악하고 부두별 물동량 추이 및 추정치를 파악하고 컨테이너의 흐름을 이해한다.
- 현실적인 학습과 실제의 컨테이너물동량 현황을 이해한다.
- 부두별 컨테이너의 물동량 현황을 파악한다.
- 컨테이너 물동량의 예상치를 통해 컨테이너의 흐름을 이해한다.

(4) 현장실습일지 작성 (1건/1일)

교과목명	현장실습	기술지도 위원확인
실습일자	20 년 월 일 ( )	
실습 단원명		

※ 반드시 실습 현장사진 및 업체 지도위원 명함 첨부(별지)

주요 실습내용 (전반기 교육과정)	
실습 분야	항만물류관리
실습개요 및 목 표	
실습내용	
실습에 사용된 기자재	
실습내용에 대한 자기소견	

8차수

(1) 8차 교육과정 : 항만경쟁력 및 부두별 하역능력현황 파악하기

(2) 주요교육내용 : 본 교육과정은 항만경쟁력 및 부두별 하역능력현황의 개념을 이해하고 파악이다.

주요요소	실 시 내 역
대상 항만 부두별 하역능력 현황 파악하기	• 대상 항만 부두별 하역 능력을 설명할 수 있다. • 선석당 항만 부두별 특징을 설명할 수 있다. • 전국무역항 항만기본계획에 대해서 파악할 수 있다.
부두별 하역능력 정의하기	• 부두별 하역능력을 파악할 수 있다. • 부두별 적정하역 능력을 파악할 수 있다. • 부산항 하역능력에 대해서 파악할 수 있다.

(3) 적용 범위

- 본 교육과정은 항만경쟁력 및 부두별 하역능력을 이해하고 각각에 특성 이해한다.
- 선석당 항만 부두별 특징을 파악한다.
- 부두별 하역능력을 파악한다.
- 부두별 적정능력을 파악하고 이해한다.

(4) 현장실습일지 작성 (1건/1일)

교과목명	현장실습	기술지도 위원확인
실습일자	20 년 월 일 ( )	
실습 단원명		

※ 반드시 실습 현장사진 및 업체 지도위원 명함 첨부(별지)

주요 실습내용 (전반기 교육과정)	
실습 분야	항만물류관리
실습개요 및 목 표	
실습내용	
실습에 사용된 기자재	
실습내용에 대한 자기소견	

9차수

(1) 9차 교육과정 : 물동량예측하기

(2) 주요교육내용 : 이 물동량예측을 이해하고 전국 및 항만별 물동량예측의 특징을 파악이다.

주요요소	실 시 내 역
전국물동량 예측 파악하기	• 전국 물동량의 예측에 대해 이해한다. • 전국 물동량 예측과 특징을 설명할 수 있다. • 중국항만의 물동량 및 처리능력에 대해서 파악할 수 있다.
항만별 물동량 예측 정의하기	• 항만별 물동량예측을 이해 할 수 있다. • 향후 전국항만 개발 계획을 파악할 수 있다. • 환적화물의 기관별 예측치에 대해서 파악할 수 있다.

(3) 적용 범위

- 본 교육과정은 항만 물동량예측을 이해하고 각각에 특성에 따른 전국 항만별 물동량 예측을 이해한다.
- 항만 물동량 예측에 대하여 이해한다.
- 항만별 예상물동량과 예측의 특징에 대하여 이해한다.
- 향후 전국 항만 개발 계획을 파악하고 이해한다.

(4) 현장실습일지 작성 (1건/1일)

교과목명	현장실습	기술지도 위원확인
실습일자	20　　년　　월　　일 (　)	
실습 단원명		

※ 반드시 실습 현장사진 및 업체 지도위원 명함 첨부(별지)

주요 실습내용 (전반기 교육과정)	
실습 분야	항만물류관리
실습개요 및 목　표	
실습내용	
실습에 사용된 기자재	
실습내용에 대한 자기소견	

10차수

현장실습 중간 평가 기간입니다.
전반기 교육 과정의 중간 평가를 통하여 후반기 교육 과정을 재검토합니다.

실습생

- 1차 과제물 중간 평가 발표
- 중간 보고서와 발표자료 작성
- 지도교수와 산업체 교육 담당자에게 발표

(1) 중간 보고서 작성

OJT 실습 중간 보고서(실습생)			
작 성 자		작성일자	

실 습 자		학 과	
		성 명	
교육과정명 (교육 레벨)			
교육실시일		교육종료일	
전반기 교육 과정 계획 목표			
1차 과제 내용			
1차 과제 결과	※ 발표자료 첨부 (ppt)		

산업체 교육 담당자

- 1차 과제물 중간 평가
- 중간 평가 보고서 작성
- 지도교수에게 중간 평가 결과 보고

(2) 2단계 중간 점검 작성

항 목	점 검 내 용	답 변
산업체 수행 점검	• 산업체의 현장실습 분야가 현장실무능력 향상에 적절한가?	
	• 산업체의 현장실습 교육과정이 잘 수행되고 있는가?	
	• 산업체 사업 분야와 학과의 전공분야와 일치하는가?	
실습생 실무능력 점검	• 현장실습 목표 달성치에 비하여 어느 정도 달성되었는가?	
	• 현장실습 분야에 맞는 전공 심화 능력이 어느 정도향상 되었는가?	
	• 전공 설계 능력(포트폴리오 또는 설계보고서 점검)이 어느 정도 향상되었는가?	
현장실습 수행점검	• 팀워크 능력이 어느 정도 향상되었는가?	
	• 직무인성에 대한 인지도는 어느 정도 향상되었는가?	
	• 현장실습 계획에 따라 잘 진행하고 있는가? (현장실습 일지 등 점검)	
	• 산업체 교육자와 유대 관계는 어느 정도인가?	
	• 현장실습 산업체에 대한 인지도는 어느 정도인가?	
중간 점검 평가	(평가 의견)	

11-14차수

(1) 주간계획서 작성

OJT 주간 계획서 - 후반기 교육과정

<table>
<tr><td>소 속</td><td colspan="2"></td><td>실습시작일자</td><td></td><td>담당업무</td><td></td></tr>
<tr><td>성 명</td><td colspan="2"></td><td>책임자명</td><td></td><td>담당팀장</td><td></td></tr>
<tr><td>교육목표</td><td colspan="6"></td></tr>
<tr><td>교육명</td><td colspan="6">항만물류관리교육과정</td></tr>
<tr><td colspan="7">교 육 계 획 표</td></tr>
<tr><td colspan="2">교 육 일 정</td><td rowspan="2">교 육 담 당</td><td colspan="4" rowspan="2">교 육 내 용</td></tr>
<tr><td>차수</td><td>일 자</td></tr>
<tr><td>11차수</td><td></td><td></td><td colspan="4"></td></tr>
<tr><td>12차수</td><td></td><td></td><td colspan="4"></td></tr>
<tr><td>13차수</td><td></td><td></td><td colspan="4"></td></tr>
<tr><td>14차수</td><td></td><td></td><td colspan="4"></td></tr>
</table>

(2) 교육담당자 업무일지 작성

OJT 업무 일지 - 후반기 교육과정			
작 성 자		작성일자	

교육자		부서/직급	
		성 명	
교육과정명 (교육 수준)			
교 육 사 항 (실 습 내 용)			
주 간 교 육 평 가			
느낀 점			

지도교수

- 주기적인 실습생과 산업체 교육 담당자와 연락을 통한 현장실습 진행사항 점검
- 비정기적인 산업체 현장 방문 (방문시 현장방문 보고서 작성)

11차수

(1) 11차 교육과정 : 항만물류시장환경 현황 파악하기

(2) 주요교육내용 : 본 교육과정은 항만물류시장환경 현황에 대한 전반적 이해능력을 파악한다.

주요요소	실 시 내 역
경제적 환경 파악하기	• 경제적 환경을 이해할 수 있다. • FTA 확산과 글로벌 공급구조 재편에 대해서 이해할 수 있다. • 항만 현황분석을 이해할 수 있다.
항만 현황분석 파악하기	• 각 항만현황 특징을 이해할 수 있다. • 부산항 정기선 운항현황을 이해할 수 있다. • 항만 개발 계획을 이해할 수 있다.
항만 개발계획 파악하기	• 대상항만 개발계획에 대해서 이해할 수 있다. • 국내선석계획에 대해서 이해할 수 있다.

(3) 적용 범위

- 본 교육과정은 항만 물류 시장 환경을 이해하기 위한 정보를 제공한다.
- 경제적환경의 특징과 장단점을 살펴본다.
- 항만현황분석의 특징과 장단점을 이해한다.
- 항만 개발계획 살펴보고 특징을 파악한다.

(4) 현장실습일지 작성 (1건/1일)

교과목명	현장실습	기술지도 위원확인
실습일자	20　　년　　월　　일 (　)	
실습 단원명		

※ 반드시 실습 현장사진 및 업체 지도위원 명함 첨부(별지)

주요 실습내용 (후반기 교육과정)	
실습 분야	항만물류관리
실습개요 및 목　표	
실습내용	
실습에 사용된 기자재	
실습내용에 대한 자기소견	

12차수

(1) 12차 교육과정 : 항만 사용료 파악하기

(2) 주요교육내용 : 본 교육과정은 항만 사용료와 항만 하역요금의 개념을 이해하고 효율적인 항만 사용료 사용 방안 파악이다.

주요요소	실 시 내 역
항만사용료 파악하기	• 항만 사용료의 정의를 설명할 수 있다. • 선박료와 예.도선 정의와 특징을 설명할 수 있다. • 화물 입출항료와 화물체화료에 대해서 파악할 수 있다.
항만 하역요금 파악하기	• 항만하역의요금의 정의를 파악할 수 있다. • 각 항만의 하역 요금의 정의를 파악할 수 있다. • 신고하역요율과 본선 하역료에 대해서 파악할 수 있다.

(3) 적용 범위

- 본 교육과정은 항만사용료를 이해하고 각각에 특성에 따른 사용료를 이해한다.
- 선박료의 정의를 파악한다.
- 예.도선료를 파악한다.
- 항만하역요금의 특징을 이해한다.

(4) 현장실습일지 작성 (1건/1일)

교과목명	현장실습	기술지도 위원확인
실습일자	20 년 월 일( )	
실습 단원명		

※ 반드시 실습 현장사진 및 업체 지도위원 명함 첨부(별지)

주요 실습내용 (후반기 교육과정)	
실습 분야	항만물류관리
실습개요 및 목 표	
실습내용	
실습에 사용된 기자재	
실습내용에 대한 자기소견	

13차수

(1) 13차 교육과정 : 사용료 수정 파악하기

(2) 주요교육내용 : 본 교육과정은 사용료의 개념을 이해하고 대상항만별 사용료 현황과 Alliance선사별 사용료 현황 등을 파악한다.

주요요소	실 시 내 역
사용료 현황 파악하기	• 사용료 추정의 정의에 대해서 파악할 수 있다. • 항만별 사용료 현황에 대해서 파악할 수 있다. • 항만별 실질 사용료 수준에 대해서 파악할 수 있다.
선사별 사용료 현황 파악하기	• Alliance의 정의를 파악할 수 있다. • Alliance 선사별 사용료 현황을 파악할 수 있다. • 선사별 매출액 수준에 대해서 파악할 수 있다.

(3) 적용 범위

- 본 교육과정은 사용료 추정을 이해하고 각각에 특성에 따른 Alliance선사별 사용료를 이해한다.
- 대상 항만별 사용료 현황의 정의를 파악한다.
- Alliance 선사별 사용료 현황을 파악한다.
- 대상항만별 사용료 현황을 이해한다.

(4) 현장실습일지 작성 (1건/1일)

교과목명	현장실습	기술지도 위원확인
실습일자	20 년 월 일 ( )	
실습 단원명		

※ 반드시 실습 현장사진 및 업체 지도위원 명함 첨부(별지)

주요 실습내용 (후반기 교육과정)	
실습 분야	항만물류관리
실습개요 및 목 표	
실습내용	
실습에 사용된 기자재	
실습내용에 대한 자기소견	

14차수

(1) 14차 교육과정 : 물류관리 및 SCM 이해하기

(2) 주요교육내용 : 본 교육과정은 물류 개념과 물자유통활동에 따른 조달물류와 물류관련정보시스템의 정의와 구축 필요성에 관한 파악이다. 또한 본 교육과정은 SCM의 정의와 SCM을 통한 물류운영의 이점을 점검하고 추진현황과 응용기술에 대해 이해를 높을 수 있는 능력을 향상시킨다.

주요요소	실 시 내 역
물류개념 파악하기	• 물류의 개념에 대해 파악할 수 있다. • 물류의 기원에 대해서 파악할 수 있다. • 물류 정의의 변천과정에 대해 파악할 수 있다.
물자유통활동 파악하기	• 수(배)활동에 대해서 이해할 수 있다. • 보관활동에 대해서 파악할 수 있다. • 하역활동에 대해서 파악할 수 있다. • 포장 및 가공활동에 파악할 수 있다.
조달물류 파악하기	• 조달물류에 대해서 이해할 수 있다. • 생산물류에 대해서 파악할 수 있다. • 판매물류에 대해서 파악할 수 있다. • 반품물류와 폐기 물류에 대해서 파악할 수 있다.
물류관련 정보시스템 파악하기	• EOS 시스템에 대해서 이해할 수 있다. • VAN시스템에 대해서 파악할 수 있다. • POS시스템에 대해서 파악할 수 있다. • DPS시스템 운영에 대해서 파악할 수 있다.
SCM 정의 및 각국의 추진현황 파악하기	• SCM의 정의를 이해할 수 있다. • SCM의 움직임을 파악할 수 있다. • SCM의 기원에 대해서 파악할 수 있다.
SCM 응용기술 파악하기	• CAO에 대해서 이해할 수 있다. • 지속적인 상품보충을 이해할 수 있다. • CRP의 기능에 대해서 파악할 수 있다.

(3) 적용 범위

- 본 교육과정은 물류의 개념을 이해하고 시대별 물류의 정의를 이해하면 물자유통과 조달물류, 물류관련 정보시스템의 개념을 이해한다.
- 현실적인 학습과 물류시스템을 이해한다.
- 사용자 구성을 위한 다수의 물자유통사례를 알아본다.
- 다음과 같은 물류의 정의를 찾을 수 있다.
  - 쇼박사의 정의, 미국 마케팅협회의 정의, 로지스틱스의 정의 등
- 물류 개념을 이해하고 이점과 필요성을 인지한다.
- 본 교육과정은 SCM을 이해하고 물류운영에서 SCM의 추진 현황과 시스템을 정점을 파악한다.
- SCM의 각 나라별 추진현황을 물류에 적용한다.
- SCM을 통한 자동 발주시스템을 사용하여 물류상의 재고를 줄이는 기술을 운영업무에 적용한다.
- 다음과 같은 역할을 담당할 수 있다.
  - 재고를 줄이고 실시간 상품의 량을 파악한다.
- 다양한 재고의 균형 있는 유지로 인해 SCM상의 물류밸런스를 유지할 수 있도록 한다.

(4) 현장실습일지 작성 (1건/1일)

<table>
<tr><td>교과목명</td><td>현장실습</td><td>기술지도
위원확인</td></tr>
<tr><td>실습일자</td><td>20 　 년 　 월 　 일 (　)</td><td rowspan="2"></td></tr>
<tr><td>실습 단원명</td><td></td></tr>
</table>

※ 반드시 실습 현장사진 및 업체 지도위원 명함 첨부(별지)

<table>
<tr><th colspan="2">주요 실습내용 (후반기 교육과정)</th></tr>
<tr><td>실습 분야</td><td>항만물류관리</td></tr>
<tr><td>실습개요
및
목 표</td><td></td></tr>
<tr><td>실습내용</td><td></td></tr>
<tr><td>실습에 사용된
기자재</td><td></td></tr>
<tr><td>실습내용에 대한
자기소견</td><td></td></tr>
</table>

15-18차수

(1) 주간계획서 작성

OJT 주간 계획서 - 후반기 교육과정

소 속		실습시작일자		담당업무	
성 명		책임자명		담당팀장	
교육목표					
교육명	항만물류관리교육과정				

교 육 계 획 표			
교 육 일 정		교 육 담 당	교 육 내 용
차수	일 자		
15차수			
16차수			
17차수			
18차수			

(2) 교육담당자 업무일지 작성

OJT 업무 일지 – 후반기 교육과정			
작 성 자		작성일자	

교육자		부서/직급	
		성 명	
교육과정명 (교육 수준)			
교 육 사 항 (실 습 내 용)			
주 간 교 육 평 가			
느낀 점			

지도교수

- 주기적인 실습생과 산업체 교육 담당자와 연락을 통한 현장실습 진행사항 점검
- 비정기적인 산업체 현장 방문 (방문시 현장방문 보고서 작성)

15차수

(1) 15차 교육과정 : 화물운송 파악하기

(2) 주요교육내용 : 본 교육과정은 화물운송에 대한 전반적 이해와 해상 항공 육상 복합운송의 물류를 파악하는데 주요 목적이 있다.

주요요소	실 시 내 역
육상운송과 물류 파악하기	• 운송의 개요에 대해 파악할 수 있다. • 운송 관련 용어에 대해서 파악할 수 있다. • 육상운송의 장단점에 대해서 파악할 수 있다.
해상운송과 물류 파악하기	• 해상운송의 정의를 이해할 수 있다. • 해상운송의 의의를 파악할 수 있다. • 해상운송의 종류와 사업에 대해서 파악할 수 있다. • 선박의 개념과 종류에 대해서 파악할 수 있다.
항공운송과 물류 파악하기	• 항공운송의 정의를 이해할 수 있다. • 항공운송의 의의를 파악할 수 있다. • 항공운송의 종류와 사업에 대해서 파악할 수 있다. • 항공기의 개념과 종류에 대해서 파악할 수 있다.
복합운송과 물류 파악하기	• 복합운송의 정의를 이해할 수 있다. • 복합운송의 의의를 파악할 수 있다. • 복합운송의 종류와 사업에 대해서 파악할 수 있다. • 복합운송 수단에 대해서 파악할 수 있다.

(3) 적용 범위

- 본 교육과정은 화물운송을 이해하기 위한 정보를 제공한다.
- 육상운송의 특징과 장단점을 살펴본다.
- 해상운송의 특징과 장단점을 이해한다.
- 항공운송과 복합 물류를 살펴보고 특징을 파악한다.

(4) 현장실습일지 작성 (1건/1일)

교과목명	현장실습	기술지도 위원확인
실습일자	20 년 월 일 ( )	
실습 단원명		

※ 반드시 실습 현장사진 및 업체 지도위원 명함 첨부(별지)

주요 실습내용 (후반기 교육과정)	
실습 분야	항만물류관리
실습개요 및 목 표	
실습내용	
실습에 사용된 기자재	
실습내용에 대한 자기소견	

16차수

(1) 16차 교육과정 : 보관하역 파악하기

(2) 주요교육내용 : 본 교육과정은 보관하역의 개념을 이해하고 재고관리기법과 물류정보시스템, MRP등을 파악한다.

주요요소	실 시 내 역
하역관리 파악하기	• 하역의 개요에 대해 파악할 수 있다. • 하역의 역할과 항역의 분류에 대해서 파악할 수 있다. • 하역합리화의 기본원칙에 대해서 파악할 수 있다.
ABC재고관리 파악하기	• ABC재고관리의 정의를 이해할 수 있다. • ABC재고관리 원칙을 파악할 수 있다. • ABC재고관리 적용 대상에 대해서 파악할 수 있다.
물류정보시스템 파악하기	• CALS의 정의를 이해할 수 있다. • 선진기업들의 CRM 구축에 의의를 파악할 수 있다. • 국내기업들의 CRM 구축 현황을 파악할 수 있다. • CRM 구축 단계에 대해서 파악할 수 있다.
MRP 파악하기	• MRP의 정의를 이해할 수 있다. • MRP의 목적에 대해서 파악할 수 있다. • MRP에 대한 전략을 파악할 수 있다. • MRP현황에 대해서 파악할 수 있다.

(3) 적용 범위

- 본 교육과정은 보관하역을 이해하고 각각에 특성에 따른 재고관리기법과 물류정보시스템을 이해한다.
- ABC 재고관리기법을 파악한다.
- MRP(자재소요계획/제조자원계획)을 파악한다.
- 물류정보시스템의 특징을 이해한다.

(4) 현장실습일지 작성 (1건/1일)

교과목명	현장실습	기술지도 위원확인
실습일자	20 년 월 일 ( )	
실습 단원명		

※ 반드시 실습 현장사진 및 업체 지도위원 명함 첨부(별지)

주요 실습내용 (후반기 교육과정)	
실습 분야	항만물류관리
실습개요 및 목 표	
실습내용	
실습에 사용된 기자재	
실습내용에 대한 자기소견	

17차수

(1) 17차 교육과정 : 팔렛트 개요

(2) 주요교육내용 : 본 교육과정은 팔렛트의 주요 기능과 표준팔렛트의 체계를 나타내고 이를 통한 표준팔렛트의 이점과 필요성 파악이다.

주요요소	실 시 내 역
팔렛트 정의 파악하기	• 팔렛트의 정의에 대해서 파악할 수 있다. • 팔렛트의 도입에 대해서 파악할 수 있다. • 표준팔렛트의 체계에 대해서 파악할 수 있다.
팔렛트 종류 파악하기	• 팔렛트의 종류에 대해서 파악할 수 있다. • 팔렛트의 구분방법에 대해서 파악할 수 있다. • 표준팔렛트의 이점 및 필요성에 대해서 파악할 수 있다.

(3) 적용 범위

- 본 교육과정은 팔렛트의 주요 기능과 표준팔렛트 체계를 나타내고 이를 실제 필요한 표준팔렛트를 파악하고 팔렛트를 이해한다.
- 현실적인 학습과 실제의 표준팔렛트을 활용한다.
- 사용자 구성을 위한 다수의 팔렛트규격과 및 표준팔렛트 적용사례를 찾아본다.
- 팔렛트의 개념을 이해하고 이점과 필요성을 인지한다.

(4) 현장실습일지 작성 (1건/1일)

교과목명	현장실습	기술지도 위원확인
실습일자	20 년 월 일( )	
실습 단원명		

※ 반드시 실습 현장사진 및 업체 지도위원 명함 첨부(별지)

주요 실습내용 (후반기 교육과정)	
실습 분야	항만물류관리
실습개요 및 목 표	
실습내용	
실습에 사용된 기자재	
실습내용에 대한 자기소견	

18차수

(1) 18차 교육과정 : 바코드 및 RFID 이해하기

(2) 주요교육내용 : 본 교육과정은 바코드의 주요 기능과 표준코드의 체계를 나타내고 이를 통한 표준물류바코드의 이점과 필요성을 파악한다. 또한 RFID를 이해하고 RFID의 기술 및 응용 국제적인 치수 및 경제적의미를 높일 수 있는 능력을 수행 한다.

주요요소	실 시 내 역
바코드 정의 파악하기	• 바코드의 정의에 대해서 파악할 수 있다. • 바코드의 도입에 대해서 파악할 수 있다. • EAN/UCC 시스템의 원리에 대해서 파악할 수 있다.
표준코드의 체계 파악하기	• 표준물류코드 EAN-14에 대해서 이해할 수 있다. • EAN/UCC의 구조에 대해서 파악할 수 있다. • 표준물류바코드의 이점 및 필요성에 대한 알아본다. • 코드구성요소에 대해서 파악할 수 있다.
표준물류바코드 파악하기	• EAN-14의 정의에 대해서 이해할 수 있다. • 표준물류바코드 코드체계를 파악할 수 있다. • 물류식별코드 설정방법에 대해 파악할 수 있다. • 상품품목코드 설정방법에 대해서 파악할 수 있다.
정의 파악하기	• RFID의 정의를 이해할 수 있다. • RFID의 기술을 이해할 수 있다. • RFID의 경제적 의미를 이해할 수 있다
RFID기술 파악하기	• RFID의 주요기능에 대해서 파악할 수 있다. • RFID의 주파수 사용을 이해할 수 있다. • RFID 태그의 기능에 대해서 파악할 수 있다. • RFID 리더기 기술에 대해서 파악할 수 있다.
RFID전망 및 응용 파악하기	• RFID의 주요 전망에 대해서 파악할 수 있다. • RFID의 상업적 응용에 대해서 이해할 수 있다. • RFID의 공급망 운영에 대해서 파악할 수 있다. • 컨테이너 추적 및 보안에 대해서 파악할 수 있다.
RFID 경제적 의미 파악하기	• RFID의 경제적 의미에 대해서 파악할 수 있다. • RFID의 비즈니스효율성에 대해서 파악할 수 있다. • RFID의 주파수 사용에 대해서 파악할 수 있다. • 국가별 RFID활용에 대해서 파악할 수 있다.

(3) 적용 범위

- 본 교육과정은 바코드의 주요 기능과 표준코드체계를 나타내고 이를 실제 필요한 표준코드를 파악하고 바코드를 이해한다.
- 현실적인 학습과 실제의 바코드부착물을 활용한다.
- 사용자 구성을 위한 다수의 KAN코드 및 EAN을 적용사례를 찾아본다.
- 다음과 같은 바코드를 찾을 수 있다.
  - KAN-14, EAN 등
- 바코드의 개념을 이해하고 이점과 필요성을 인지한다.
- 본 교육과정은 RFID의 기술의 정의와 경제적 의미와 주요기능과 주파수 사용을 이해하고 RFID의 활용을 이해한다.
- RFID에서 사용되는 기술을 이해함으로써 현업에서 RFID 통제를 통한 업무를 이해한다.
- RFID의 주요기능과 주파수에 대한 이해를 도모한다.
- 다음과 같은 역할을 담당할 수 있다.
  - RFID테그 리더기 미들웨어 서버 사용 등

(4) 현장실습일지 작성 (1건/1일)

교과목명	현장실습	기술지도 위원확인
실습일자	20 년 월 일 ( )	
실습 단원명		

※ 반드시 실습 현장사진 및 업체 지도위원 명함 첨부(별지)

주요 실습내용 (후반기 교육과정)	
실습 분야	항만물류관리
실습개요 및 목 표	
실습내용	
실습에 사용된 기자재	
실습내용에 대한 자기소견	

19-20차수

(1) 주간계획서 작성

OJT 주간 계획서 - 후반기 교육과정

<table>
<tr><td>소 속</td><td colspan="2"></td><td>실습시작일자</td><td></td><td>담당업무</td><td></td></tr>
<tr><td>성 명</td><td colspan="2"></td><td>책임자명</td><td></td><td>담당팀장</td><td></td></tr>
<tr><td>교육목표</td><td colspan="6"></td></tr>
<tr><td>교육명</td><td colspan="6">항만물류관리교육과정</td></tr>
<tr><td colspan="7">교 육 계 획 표</td></tr>
<tr><td colspan="2">교 육 일 정</td><td rowspan="2" colspan="2">교 육 담 당</td><td rowspan="2" colspan="3">교 육 내 용</td></tr>
<tr><td>차수</td><td>일 자</td></tr>
<tr><td>19차수</td><td></td><td colspan="2"></td><td colspan="3"></td></tr>
<tr><td>20차수</td><td></td><td colspan="2"></td><td colspan="3"></td></tr>
</table>

(2) 교육담당자 업무일지 작성

<table>
<tr><th colspan="4">OJT 업무 일지 - 후반기 교육과정</th></tr>
<tr><td>작 성 자</td><td></td><td>작성일자</td><td></td></tr>
</table>

<table>
<tr><td colspan="2" rowspan="2">교육자</td><td>부서/직급</td><td></td></tr>
<tr><td>성 명</td><td></td></tr>
<tr><td>교육과정명
(교육 수준)</td><td colspan="3"></td></tr>
<tr><td>교 육 사 항
(실 습 내 용)</td><td colspan="3"></td></tr>
<tr><td colspan="4">주 간 교 육 평 가</td></tr>
<tr><td>느낀 점</td><td colspan="3"></td></tr>
</table>

지도교수

- 주기적인 실습생과 산업체 교육 담당자와 연락을 통한 현장실습 진행사항 점검
- 비정기적인 산업체 현장 방문 (방문시 현장방문 보고서 작성)

19차수

(1) 19차 교육과정 : EDI, 와이브로 및 XML/EDI 파악하기

(2) 주요교육내용 : 본 교육과정은 EDI를 이해하고 이를 통한 전자문서표준화의 장단점 이해와 파악이다. 그리고 와이브로의 정의와 기술 및 특징에 대해서 나타내고 와이브로의 역할능력 파악을 주요 목적으로 한다. 또한 XML/EDI를 이해하고 이를 통한 층별구조와 실행단계를 및 사례를 통해 업무의 효율성을 높일 수 있는 능력한다.

(3) 적용 범위

- 본 교육과정은 EDI의 정의를 이해하고 EDI사용에 대한 기대효과를 이해한다.
- UN/EDIFACT의 역할과 지속적인 발전에 대한 이해를 도모한다.
- EANCOM를 통한 국제적인 관리기관 국제표준 EDI를 개발하고 지속적으로 발전시킨다.
- 다음과 같은 역할을 담당할 수 있다.
  - EDI의 종류 등
- 국내 사용 가능한 EDI 을 살펴보고 특징을 이해한다.
- 본 교육과정은 와이브로 환경을 이해하기 위한 정보를 제공한다.
- 와이브로의 발전순서를 이해하고 상용화 단계별로 기술의 변화를 살펴본다.
- 와이브로의 기술규격을 알아보고 해당하는 특징들을 이해한다.
- 와이브로 개발 현황을 살펴보고 특징을 파악한다.
- 본 교육과정은 XML/EDI를 이해하고 각각에 특성에 따른 작동방법을 이해한다.
- XML/EDI의 층별구조를 이해하고 개발목적을 파악한다.
- 문서의 구조를 정의해 줄 수 있다는 XML은 이 하나의 특징으로 인해 산업전반에 걸쳐 수많은 응용 영역을 만들어 내고 있다.
- XML/EDI의 문서 작성과 eXML의 특징을 이해한다.

주요요소	실 시 내 역
EDI 및 UN/EDIFACT 정의 파악하기	• EDI의 정의를 파악할 수 있다. • EDI의 기대효과에 대해서 파악할 수 있다. • UN/EDIFACT의 개발현황에 대해서 파악할 수 있다.
EANCOM 정의 및 문서개정 현황 파악하기	• EANCOM의 특징에 대해서 파악할 수 있다. • EANCOM의 구성요소를 이해할 수 있다. • EDI의 전자문서 종류에 대해서 파악할 수 있다.
정의 및 와이브로 기술 및 특징 파악하기	• 와이브로의 정의에 대해서 파악할 수 있다. • 와이브로 발전 순서에 대해서 파악할 수 있다. • 와이브로의 상용화에 대해서 파악할 수 있다.
와이브로 특징 파악하기	• 기술규격을 이해할 수 있다. • 와이브로의 규격을 파악할 수 있다. • 와이브로 개발 현황을 이해할 수 있다.
XML/EDI배경 및 정의 파악하기	• XML/EDI의 배경 및 정의를 파악할 수 있다. • XML/EDI의 데이터 전달에 대해서 파악할 수 있다. • XML/EDI의 층별구조를 이해할 수 있다.
XML/EDI의 특징 및 구성 파악하기	• XML/EDI의 특징에 대해서 파악할 수 있다. • XML의 구성요소를 이해할 수 있다. • XML/EDI의 층별구조를 이해할 수 있다. • XML/EDI의 실행단계 및 사례를 이해할 수 있다.
XML/EDI 개발 목표 파악하기	• XML의 정의에 대해서 파악할 수 있다. • XML 발전 순서에 대해서 파악할 수 있다. • XML의 상용화에 대해서 파악할 수 있다.
XML/EDI의 활용 파악하기	• XML의 활용에 대해서 파악할 수 있다. • 데이터 포맷에 대해서 파악할 수 있다. • 전자상거래에 대해서 파악할 수 있다.
XML/EDI요소 파악하기	• XML 요소에 대해서 파악할 수 있다. • eXML 표준 개요에 대해서 파악할 수 있다. • eXML 표준의 특징에 대해서 파악할 수 있다.

(4) 현장실습일지 작성 (1건/1일)

교과목명	현장실습	기술지도 위원확인
실습일자	20 년 월 일 ( )	
실습 단원명		

※ 반드시 실습 현장사진 및 업체 지도위원 명함 첨부(별지)

주요 실습내용 (후반기 교육과정)	
실습 분야	항만물류관리
실습개요 및 목 표	
실습내용	
실습에 사용된 기자재	
실습내용에 대한 자기소견	

산업체 교육 담당자

- 항만물류관리분야 현장실습 교육과정 실시
- 매주 주간 계획서 및 업무 일지 작성
- 현장실습일지 및 실습생 출석카드 관리

20차수

현장실습 마지막 주입니다.
지금까지 모든 현장실습 교육과정의 최종 평가를 수행합니다.

실습생

- 2차 과제물 평가 발표
- 최종 보고서와 발표자료 작성
- 지도교수와 산업체 교육 담당자에게 발표

산업체 교육 담당자

- 2차 과제물 평가
- 최종 평가 보고서 작성
- 지도교수에게 평가 결과 보고

(1) 최종 보고서 작성

OJT 실습 최종보고서(실습생)			
작 성 자		작성일자	

실 습 자		학 과	
		성 명	
교육과정명 (교육 레벨)			
교육실시일		교육종료일	
전반기 교육 과정 계획 목표			
2차 과제 내용			
과제 결과	※ 발표자료 첨부 (ppt)		

(2) 최종 평가 보고서 작성

<table>
<tr><th colspan="4">OJT 실습 최종보고서(기업)</th></tr>
<tr><td>작 성 자</td><td></td><td>작성일자</td><td></td></tr>
</table>

<table>
<tr><td colspan="3" rowspan="2">교 육 자</td><td>부 서</td><td></td></tr>
<tr><td>성 명</td><td></td></tr>
<tr><td>교육과정명
(교육 레벨)</td><td colspan="4"></td></tr>
<tr><td>교육실시일</td><td></td><td>교육종료일</td><td colspan="2"></td></tr>
<tr><td>교육사항
(실습내용)</td><td colspan="4"></td></tr>
<tr><td colspan="5">최종교육평가</td></tr>
<tr><td>중간
평가</td><td></td><td>최종
평가</td><td colspan="2"></td></tr>
</table>

(3) 실습생 평가서 작성

소 속	대학	학과(부)	
학 번		성 명	
실 습 기 간			
실 습 내 용			

상기 학생의 현장 실습에 대한 평가서를 다음과 같이 제출합니다.

평 가 항 목	우 수		보 통	미 흡		비 고
① 근무태도	5	4	3	2	1	
② 업무능력	5	4	3	2	1	
③ 언행, 용모, 예절	5	4	3	2	1	
④ 협동심	5	4	3	2	1	
⑤ 책임감	5	4	3	2	1	
⑥ 실습학생이 업체에 기여한 정도	5	4	3	2	1	
※ 보 완 사 항 (관리자가 직접작성)	1. 전공이 필요한 전공영역 2. 교양 및 인성영역 3. 기타 관리자가 관찰한 사항					

※ 해당란에 [○]으로 표기

20　　년　　월　　일

평가자(대표자 또는 실습생 관리자)

소 속 :

직 위 :

성 명 :　　　　　　　　(인)

지도교수

- 실습생 현장실습 중간 점검 사항 작성
- 산업체 교육 담당자와 면담

(4) 3단계 최종 점검 사항 (마지막차수)

항 목	점 검 내 용	답 변 (예시)
산업체 수행 점검	• 산업체의 현장실습 분야가 현장실무능력 향상에 적절한가?	
	• 산업체의 현장실습 교육과정이 잘 수행되고 있는가?	
	• 산업체 사업 분야와 학과의 전공분야와 일치하는가?	
실습생 실무능력 점검	• 실습생의 현장실습 목표 달성치를 달성하였는가?	
	• 현장실습 분야에 맞는 전공 심화 능력이 어느 정도향상 되었는가?	
	• 전공 설계 능력(포트폴리오 또는 설계보고서 점검)이 어느 정도 향상되었는가?	
현장실습 수행점검	• 팀워크 능력이 어느 정도 향상되었는가?	
	• 직무인성에 대한 인지도는 어느 정도 향상되었는가?	
	• 현장실습 계획을 모두 달성하였는가?	
	• 현장실습 산업체에 대한 인지도는 어느 정도인가?	
중간 점검 평가	(평가 의견)	

part 4

항만컨테이너터미널 운영 교육과정

4.1 항만컨테이너터미널 운영 교육과정

1차수

현장실습 전 사전 조사와 오리엔테이션을 미리 수행합니다.

실습생

- 지도교수와 면담
- 현장실습업체의 사전 조사 : 산업체의 사업 분야, 위치, 조직도 등 파악
- 현장실습에 관한 내용 이해

산업체 교육 담당자

- 현장실습 분야 선정 - 지도교수와 상담
- 현장실습 관련 서류 및 양식 점검
- 실습생 맞이할 준비

지도교수

- 산업체 교육 담당자와 상담 (전화, 직접 방문 등) : 현장실습 계획 사전 조율
- 실습생 상담
  - 현장실습 오리엔테이션 (수업계획서, 실습업체 등 사전 설명)
  - 1차 초기 점검 평가 작성

(1) 1차 초지 점검 작성 (지도교수)

항 목	점 검 내 용	작 성
산업체 사업 분야	• 산업체의 주력 사업 분야 및 현장실습 분야가 무엇인가?	
	• 산업체 사업 분야에 맞는 학과 전공 기초 교육과정이 무엇인가?	
	• 산업체 사업 분야에 맞는 학과 전공 심화 교육과정이 무엇인가?	
전공 능력	• 현장실습 분야에 맞는 전공 기초 능력이 어느 정도인가?	
	• 현장실습 분야에 맞는 전공 심화 능력이 어느 정도인가?	
	• 전공 설계 능력(포트폴리오 또는 설계보고서 점검)이 어느 정도인가?	
	• 실습생의 현장실습 목표는 달성되었는가?	
현장적응능력	• 팀워크 능력이 어느 정도인가?	
	• 산학관련 과제 수행 경험이 있는가?	
	• 직무인성에 대한 인지도는 어느 정도인가?	
초기 점검 평가	(평가 의견 작성)	

2차수

현장실습 첫 번째 치수로 실습생과 산업체 교육 담당자와의 첫 대면입니다.

실습생

- 현장실습 계획 및 목표 기준치 설정
- 항만물류분야 테스트 받음
- 현장 직무 인성 교육 수행 및 자기개발 계획서 작성

(1) 현장실습 계획 및 목표 기준치 작성

산업체 교육 담당자의 월간/주간 계획서에 의거 실습생의 기준에 맞게 목표 기준치 작성

교과목명			
실습기간	20 . . ~ 20 . .	회사명	
지도교수		산업체교육담당자	

▸ 월(주)별 주요계획 ◂

월	월별 주요 실습 계획과 목표를 기입
1차수 : 각차수 주요 실습 계획과 목표를 기입	
2차수 :	
3차수 :	
4차수 :	
5차수 :	
월	월별 주요 실습 계획과 목표를 기입
6차수 : 각차수 주요 실습 계획과 목표를 기입	
7차수 :	
8차수 :	
9차수 :	
10차수 :	
월	월별 주요 실습 계획과 목표를 기입
11차수 : 각차수 주요 실습 계획과 목표를 기입	
12차수 :	
13차수 :	
14차수 :	
15차수 :	
월	월별 주요 실습 계획과 목표를 기입
16차수 : 각차수 주요 실습 계획과 목표를 기입	
17차수 :	
18차수 :	
19차수 :	
20차수 :	

(2) 자기개발 계획 작성

OJT 실습생 자기계발 계획서

※ 실습 2차수 인성교육 시간에 작성

실습생	성명	(인)	소속		지도교수명	(인)
산업체교육담당자	성명	(인)	소속		담당업무	

▣ Vision 설정과 장애요인

구 분	기대치	장애요인
개 인		
가 정		
직 장		
내가 생각하는 성공이란?		

▣ 자기계발 종합계획서

부문	계발항목	목 표	기간	방 법	기타
자신					
가정					
직장					
기타					

산업체 교육 담당자

- 실습생에게 회사 소개
- 항만물류분야 테스트 수행
- 월간 계획서 작성
- 직무 인성교육 실시 (직무 인성교육 가이드 참조)

(3) 실습분야 테스트 작성

OJT 실습생 실습분야 테스트 결과

실습생	성명	(인)	소속		지도교수명	(인)
교육자	성명	(인)	소속		담당업무	
테스트일자						
테스트방법	방법		결과 내용		평가(상,중,하)	
	산업체 지도위원의 면담/상담 또는 실습생의 포트폴리오					
	항만물류개요 및 항만운영 능력 이해도					
	항만컨테이너터미널 장비, 운영정부시스템 직무 이해도					
결과	항만물류관리분야( ), 항만컨테이너터미널운영분야( ) ※ 2개중 한 항목에 ○ 표시					
총 평	※ 테스트 담당자 총평 기입					

(4) OJT 월간 계획서 작성

OJT 월간 계획서

구　분	교육분야	기술적 측면	지식적 측면	태도적 측면
세부내용	항만컨테이너터미널운영			

▣ 월별 계획

일　정		교 육 내 용	일　정		교 육 내 용
교 육 1월차	교육목표		교 육 4월차	교육목표	
	1차수			13차수	
	2차수			14차수	
	3차수			15차수	
	4차수			16차수	
	비　고			비　고	
교 육 2월차	교육목표		교 육 5월차	교육목표	
	5차수			17차수	
	6차수			18차수	
	7차수			19차수	
	8차수			20차수	
	비　고			비　고	
교 육 3월차	교육목표		교 육 6월차	교육목표	
	9차수			21차수	
	10차수			22차수	
	11차수			23차수	
	12차수			24차수	
	비　고			비　고	

지도교수

- 현장실습 업체 1차 방문
- 산업체 교육 담당자 면담 및 산학협력프로그램 교류 활성화

(5) 현장방문 면담 내용 작성

소　속	대학　　　　학과(부)	지도교수	(인)
업 체 명		대표자명 (담당자명)	(인)
일　시	20　　년　　월　　일		
방문목적			
구체적 지도내용	기업과의 교류 및 학생 지도내용을 구체적으로 기입하여 주십시오.		
현장지도 실시에 대한 개인소견			

(6) 분야별 교육 과정

▣ 항만컨테이너터미널운영 교육 일정

차수	교육내용	
3차	항만크레인시뮬레터 파악하기	항만컨테이너 장비 및 정보시스템 운영
4차	항만크레인시뮬레터 운영 작업 환경 파악하기	
5차	항만컨테이너터미널 컨테이너 파악하기	
6차	항만컨테이너터미널 화물차량 파악하기	
7차	선박 양하 및 적하 작업 파악하기	
8차	양적하 작업 파악하기	
9차	시뮬레이터 운영 제어 어플리케이션 파악하기	
10차	중간평가	
11차	ZPMC 갠트리 크레인 모듈 시뮬레이팅 파악하기	
12차	하드웨어 작동시스템 파악하기	
13차	차대 정렬 시스템(CAS) 파악하기	
14차	RMG 크레인 모듈 시뮬레이팅 작업 파악하기	
15차	컨테이너터미널 작업 시 안전수칙 작업 파악하기	
16차	본선작업을 실시하기 위한 선박 컨테이너 위치파악 작업 파악하기	
17차	선박관리시스템 운영	
18차	SCM 물류정보시스템 운영	
19차	3PL 물류정보시스템 운영	
20차	기말평가	

3-6차수

(1) 주간계획서 작성

OJT 주간 계획서 - 전반기 교육과정

소 속		실습시작일자		담당업무	
성 명		책임자명		담당팀장	
교육목표					
교육명	항만컨테이너터미널운영 교육과정				

교 육 계 획 표			
교 육 일 정		교 육 담 당	교 육 내 용
차수	일 자		
3차수			
4차수			
5차수			
6차수			

(2) 교육담당자 업무일지 작성

<table>
<tr><th colspan="4">OJT 업무 일지 - 전반기 교육과정</th></tr>
<tr><td>작 성 자</td><td></td><td>작성일자</td><td></td></tr>
</table>

<table>
<tr><td colspan="2" rowspan="2">교육자</td><td>부서/직급</td><td></td></tr>
<tr><td>성 명</td><td></td></tr>
<tr><td>교육과정명
(교육 수준)</td><td colspan="3"></td></tr>
<tr><td>교 육 사 항
(실 습 내 용)</td><td colspan="3"></td></tr>
<tr><td colspan="4">주 간 교 육 평 가</td></tr>
<tr><td>느낀 점</td><td colspan="3"></td></tr>
</table>

지도교수

- 주기적인 실습생과 산업체 교육 담당자와 연락을 통한 현장실습 진행사항 점검
- 비정기적인 산업체 현장 방문 (방문시 현장방문 보고서 작성)

3차수

(1) 3차 교육과정 : 항만크레인시뮬레터 파악하기

(2) 주요교육내용 : 본 교육과정은 항만크레인시뮬레이터의 주요 기능과 작업공정을 나타내고 이를 통한 시뮬레이션 구동 시 유의사항 파악이다.

주요요소	실 시 내 역
주요기능 정의하기	• 현실적인 학습을 수행할 수 있다. • 현실감 있는 장비 운영을 수행할 수 있다. • 다수의 크레인 타입을 지원할 수 있다. • 강력한 실습을 수행 할 수 있다.
작업공정 파악하기	• 시뮬레이터의 세션모드를 정의할 수 있다. • 다중 시뮬레이션 마스터를 정의할 수 있다. • 다중 시뮬레이션 슬레이브를 정의할 수 있다.
시뮬레이션구동 파악하기	• RTG/RMG 터미널의 물류를 파악할 수 있다. • RTG/RMG 터미널 운행을 파악할 수 있다.

(3) 적용 범위

- 본 교육과정은 항만크레인시뮬레이터의 주요 기능과 작업공정을 나타내고 이를 실제 작업에 필요한 업무능력을 파악하여 항만크레인업무에 적용한다.
- 현실적인 학습과 고도의 퍼포먼스를 통한 다양한 시나리오에 적용한다.
- 사용자 구성을 위한 다수의 크레인 타입을 지원하는 모듈기반의 운용소프트웨어를 통한 현장의 실무에 적용한다.
- 다음과 같은 역할을 담당할 수 있다.
  - RMG, RTGs, QC, Tandem Function 등
- 항만크레인장비 운영능력 개념을 회사의 컨테이너 작업 업무에 적용한다.

(4) 현장실습일지 작성 (1건/1일)

교과목명	현장실습	기술지도 위원확인
실습일자	20 년 월 일 ( )	
실습 단원명		

※ 반드시 실습 현장사진 및 업체 지도위원 명함 첨부(별지)

주요 실습내용 (전반기 교육과정)	
실습 분야	항만컨테이너터미널운영
실습개요 및 목 표	
실습내용	
실습에 사용된 기자재	
실습내용에 대한 자기소견	

4차수

(1) 4차 교육과정 : 항만크레인시뮬레터 운영 작업 환경 파악하기

(2) 주요교육내용 : 본 교육과정은 항만크레인시뮬레이터의 주요 기능인 RMG와 RTG 수행에 따른 컨테이너터미널의 물류작업흐름을 나타내고 이를 통한 운영 작업환경 파악이다.

주요요소	실 시 내 역
RTG/RMG 터미널 물류작업 정의하기	• RTG와 RMG를 사용하는 터미널을 이해할 수 있다. • 터미널내 물류작업 순서를 이해할 수 있다. • 터미널내 물류작업을 수행할 수 있다. • 터미널내 물류작업을 제어할 수 있다.
항만크레인 시뮬레이터 운영환경 이해하기	• 시뮬레이터의 운영환경을 이해할 수 있다. • 시뮬레이터의 운영환경을 제어할 수 있다. • 시뮬레이터의 운영환경에 따른 작업을 수행할 수 있다.

(3) 적용 범위

- 본 교육과정은 항만크레인시뮬레이터 운영을 하기 위한 주요 환경을 이해하고 이를 현장에 적용할 수 있는 시나리오를 작성하여 현업에 적용한다.
- RTG와 RMG를 사용하는 컨테이너터미널의 운영환경에 따라 다양한 시나리오에 적용한다.
- 컨테이너터미널의 물류작업을 이해하고 이를 통한 물류작업의 다양한 환경을 시뮬레이터에 적용함으로써 현장 실무의 역할을 수행하도록 적용한다.
- 다음과 같은 역할을 담당할 수 있다.
  - 시뮬레이터 환경변수 변경 등
- 다양한 시나리오를 통한 다양한 기상변화에 따른 항만크레인장비 운영능력을 습득함으로써 컨테이너 작업 업무에 적용한다.

(4) 현장실습일지 작성 (1건/1일)

교과목명	현장실습	기술지도 위원확인
실습일자	20 년 월 일 ( )	
실습 단원명		

※ 반드시 실습 현장사진 및 업체 지도위원 명함 첨부(별지)

주요 실습내용 (전반기 교육과정)	
실습 분야	항만컨테이너터미널운영
실습개요 및 목 표	
실습내용	
실습에 사용된 기자재	
실습내용에 대한 자기소견	

5차수

(1) 5차 교육과정 : 항만컨테이너터미널 컨테이너 파악하기

(2) 주요교육내용 : 본 교육과정은 항만컨테이너터미널에서 사용되는 다양한 컨테이너를 이해하고 이를 통한 컨테이너의 효율적인 운영 및 제품별 특성에 맞는 컨테이너 선정을 통한 컨테이너업무의 효율성을 높일 수 있는 작업 파악이다.

주요요소	실 시 내 역
표준컨테이너 정의하기	• 컨테이너의 사용재질에 따른 종류와 특징을 설명할 수 있다. • 컨테이너 용도에 따라 종류와 특징을 설명할 수 있다. • 컨테이너의 트위스트 락을 이해할 수 있다. • 컨테이너의 위험신호와 물류변수를 제어할 수 있다.
다양한 특성의 컨테이너 이해하기	• 하이카고 컨테이너를 이해할 수 있다. • 입구개방형 컨테이너를 이해할 수 있다. • 냉동컨테이너를 이해할 수 있다. • Conventional cargo를 이해할 수 있다.

(3) 적용 범위

- 본 교육과정은 항만컨테이너터미널에서 사용되는 다양한 컨테이너를 이해하고 현장에서 각각의 컨테이너에 대한 특성에 따른 작업방법을 이해하고 현장 작업에 적용한다.
- 컨테이너의 크기에 따른 항만크레인시뮬레이터 스프레드의 텔레스코핑 변화를 통한 컨테이너의 생산성을 높인다.
- 컨테이너터미널 장치장과 YT 및 안벽크레인에서 발생되는 컨테이너의 흐름 이해 및 작업지시에 따른 리핸들링을 통한 컨테이너터미널의 지연 및 지체를 줄이는 업무에 적용한다.
- 다음과 같은 역할을 담당할 수 있다.
  - 컨테이너의 재질 및 용도에 따른 장비 선택 등
- 다양한 컨테이너를 취급하고 장치장내에서의 운영지식에 따른 컨테이너를 파악하여 YT에 적하 및 양하함으로써 장치장의 저장능력 및 리핸들링업무에 적용한다.

(4) 현장실습일지 작성 (1건/1일)

교과목명	현장실습	기술지도 위원확인
실습일자	20 년 월 일 ( )	
실습 단원명		

※ 반드시 실습 현장사진 및 업체 지도위원 명함 첨부(별지)

주요 실습내용 (전반기 교육과정)	
실습 분야	항만컨테이너터미널운영
실습개요 및 목 표	
실습내용	
실습에 사용된 기자재	
실습내용에 대한 자기소견	

6차수

(1) 6차 교육과정 : 항만컨테이너터미널 화물차량 파악하기

(2) 주요교육내용 : 본 교육과정은 항만컨테이너터미널에서 사용되는 다양한 화물차량을 이해하고 이를 통한 컨테이너의 효율적인 운영 및 제품별 특성에 맞는 화물차량 선정을 통한 컨테이너업무의 효율성을 높일 수 있는 작업 파악이다.

주요요소	실 시 내 역
화물차량의 정의와 종류를 이해하기	• 화물차량에 대한 정의를 이해할 수 있다. • 화물차량에 대한 종류를 설명할 수 있다. • 화물차량 환경설정을 파악할 있다.
화물차량 환경설정 및 운행 이해하기	• 화물차량 환경을 설정할 수 있다. • 화물차량 운행을 이해할 수 있다. • 운반열차 설정을 수행할 수 있다. • 화물 설정을 이해할 수 있다.
트레일러 및 트럭 설정 이해하기	• 컨테이너 추가를 이해할 수 있다. • 트위스트락 설정을 이해할 수 있다. • 자동 운행 교통수단을 정의할 수 있다. • 교통의 충돌을 설정할 수 있다.

(3) 적용 범위

- 본 교육과정은 항만컨테이너터미널에서 사용되는 다양한 화물차량을 이해하고 현장에서 각각의 화물차량에 대한 특성에 따른 작업방법을 이해함으로써 현장 작업에 적용한다.
- 화물차량의 크기에 따른 항만크레인시뮬레이터 스프레드의 텔레스코핑 변화를 통한 컨테이니의 생산싱을 높인다.
- 컨테이너터미널 장치장과 YT 및 안벽크레인에서 발생되는 컨테이너의 흐름 이해 및 작업지시에 따른 리핸들링을 실시하기 위한 적절한 화물차량의 배차 업무에 적용한다.
- 다음과 같은 역할을 담당할 수 있다.
  - 화물차량 용도에 따른 배차 등

- 다양한 화물차량을 취급하고 장치장내에서의 운영지식에 따른 컨테이너를 파악하여 화물차량에 양적하를 통한 장치장의 저장능력 및 리핸들링업무에 적용한다.

(4) 현장실습일지 작성 (1건/1일)

교과목명	현장실습	기술지도 위원확인
실습일자	20 년 월 일 ( )	
실습 단원명		

※ 반드시 실습 현장사진 및 업체 지도위원 명함 첨부(별지)

주요 실습내용 (전반기 교육과정)	
실습 분야	항만컨테이너터미널운영
실습개요 및 목 표	
실습내용	
실습에 사용된 기자재	
실습내용에 대한 자기소견	

7-10차수

(1) 주간계획서 작성

OJT 주간 계획서 - 전반기 교육과정

<table>
<tr><td>소 속</td><td></td><td>실습시작일자</td><td></td><td>담당업무</td><td></td></tr>
<tr><td>성 명</td><td></td><td>책임자명</td><td></td><td>담당팀장</td><td></td></tr>
<tr><td>교육목표</td><td colspan="5"></td></tr>
<tr><td>교육명</td><td colspan="5">항만컨테이너터미널운영 교육과정</td></tr>
<tr><td colspan="6">교 육 계 획 표</td></tr>
<tr><td colspan="2">교 육 일 정</td><td colspan="2" rowspan="2">교 육 담 당</td><td colspan="2" rowspan="2">교 육 내 용</td></tr>
<tr><td>차수</td><td>일 자</td></tr>
<tr><td>7차수</td><td></td><td colspan="2"></td><td colspan="2"></td></tr>
<tr><td>8차수</td><td></td><td colspan="2"></td><td colspan="2"></td></tr>
<tr><td>9차수</td><td></td><td colspan="2"></td><td colspan="2"></td></tr>
<tr><td>10차수</td><td></td><td colspan="2"></td><td colspan="2"></td></tr>
</table>

(2) 교육담당자 업무일지 작성

OJT 업무 일지 - 전반기 교육과정			
작 성 자		작성일자	

교육자		부서/직급	
		성 명	
교육과정명 (교육 수준)			
교 육 사 항 (실 습 내 용)			
주 간 교 육 평 가			
느낀 점			

지도교수

- 주기저인 실습생과 산업체 교육 담당자와 연락을 통한 현장실습 진행사항 점검
- 비정기적인 산업체 현장 방문 (방문시 현장방문 보고서 작성)

7차수

(1) 7차 교육과정 : 선박 양하 및 적하 작업 파악하기

(2) 주요교육내용 : 본 교육과정은 항만컨테이너터미널에 수행되는 선박 양하 및 적하 작업을 이해하고 이를 통한 효율적이면 생산성 있는 컨테이너 처리량을 높임으로써 컨테이너터미널의 운영능력을 높일 수 있는 작업 파악이다.

주요요소	실 시 내 역
작업환경설정 이해하기	• 선박의 작업환경을 설정을 이해할 수 있다. • 선박의 움직임을 파악할 수 있다.
컨테이너선박 이해하기	• 컨테이너 선박의 용적과 용량을 이해할 수 있다. • 컨테이너 설정 툴을 파악할 수 있다. • 베이 활성화를 수행할 수 있다. • 선박내 컨테이너 채우기를 할 수 있다.
화물선별 해치작업 이해하기	• 화물의 균형을 수행할 수 있다. • 일반 화물선의 템플레이를 실시할 수 있다. • 들어올리기 및 드리프트를 이해할 수 있다. • 벌크화물을 이해할 수 있다

(3) 적용 범위

- 본 교육과정은 항만컨테이너터미널에서 수행되는 선박 양하 및 적하 작업을 이해하고 컨테이너터미널에서 선박 양적하를 원활하게 수행하기 위한 작업방법을 이해하고 현장 작업에 적용한다.
- 컨테이너 선박의 용적과 용량 이해를 통한 선박별 작업업무를 설정하고 현업에 적용한다.
- 양적하를 위한 베이를 활성화시킴으로써 QC 작업의 효율성을 높이고 이를 통한 본선 작업시간을 줄이는 운영업무에 적용한다.
- 다음과 같은 역할을 담당할 수 있다.
  - 본선작업에 따른 베이 설정 등
- 다양한 화물의 균형 있는 컨테이너의 배치를 통한 본선의 밸런스를 유지할 수 있는 본선 작업 업무에 적용한다.

(4) 현장실습일지 작성 (1건/1일)

교과목명	현장실습	기술지도 위원확인
실습일자	20 년 월 일 ( )	
실습 단원명		

※ 반드시 실습 현장사진 및 업체 지도위원 명함 첨부(별지)

주요 실습내용 (전반기 교육과정)	
실습 분야	항만컨테이너터미널운영
실습개요 및 목 표	
실습내용	
실습에 사용된 기자재	
실습내용에 대한 자기소견	

8차수

(1) 8차 교육과정 : 양적하 작업 파악하기

(2) 주요교육내용 : 본 교육과정은 항만컨테이너터미널에 수행되는 본선작업에서 수행되는 양적하 작업을 이해하고 이를 통한 효율적이면 생산성 있는 컨테이너 처리량을 높임으로써 컨테이너터미널의 운영능력을 높일 수 있는 작업 파악이다.

주요요소	실 시 내 역
작업자수신호 이해하기	• 템플레이트 뷰어에서 기수통제를 이해할 수 있다. • 기수의 신호를 파악할 수 있다. • 기수의 신호에 적절할 대응을 수행할 수 있다.
보조장치 이해하기	• 보조장치 주요 기능을 이해할 수 있다. • 보조장치 속성을 파악할 수 있다. • 보조장치 연결 및 해체를 할 수 있다.

(3) 적용 범위

- 본 교육과정은 항만컨테이너터미널에서 수행되는 본선작업에서 수행되는 양적하 작업을 이해하고 이를 통한 항만크레인시뮬레이터장비의 본선 양적하 작업을 수행함으로써 현장의 양적하 작업에 적용한다.
- 템플레이트 뷰어에서 사용되는 기수통제를 이해함으로써 현업에서 기수 통제를 통한 업무를 수행한다.
- 보조장치의 역할을 이해하고 속성을 파악함으로써 현장작업에서 요구되는 보조장치 활용 업무에 적용한다.
- 다음과 같은 역할을 담당할 수 있다.
  - 기수의 신호 파악 및 대응 및 보조장치 사용 등

(4) 현장실습일지 작성 (1건/1일)

교과목명	현장실습	기술지도 위원확인
실습일자	20 년 월 일 ( )	
실습 단원명		

※ 반드시 실습 현장사진 및 업체 지도위원 명함 첨부(별지)

주요 실습내용 (전반기 교육과정)	
실습 분야	항만컨테이너터미널운영
실습개요 및 목 표	
실습내용	
실습에 사용된 기자재	
실습내용에 대한 자기소견	

9차수

(1) 9차 교육과정 : 시뮬레이터 운영 제어 어플리케이션 파악하기

(2) 주요교육내용 : 본 교육과정은 항만크레인시뮬레이터 운영 제어 어플리케이션의 주요 기능과 작업공정을 나타내고 이를 통한 시뮬레이션 운영에 관한 내용 파악이다.

주요요소	실 시 내 역
항만크레인 시뮬레이터 주요기능 정의하기	• 시뮬레이터의 주요 사용 명칭을 이해할 수 있다. • 시뮬레이터 구성 제어 시스템을 이해할 수 있다. • Full-scale 시뮬레이터 운전석의 제어 기능을 수행할 수 있다.
운영 제어 어플리케이션 파악하기	• 운영 제어 어플리케이션을 정의할 수 있다. • 운영 제어 어플리케이션을 수행할 수 있다. • 운영 제어 어플리케이션을 제어할 수 있다.

(3) 적용 범위

- 본 교육과정은 항만크레인시뮬레이터 사용을 위해서 필요한 주요 구성제어시스템을 이해하고 이를 현장의 장비 운영에 적용한다.
- Full-scale 시뮬레이터 운전석의 주요 제어 기능을 파악함으로써 현장 운영 장비의 운전석 조작업무에 적용한다.
- 운영 제어 어플리케이션을 정의하고 이를 제어함으로써 현장 운영 장비의 수행 및 제어 업무에 적용한다.
- 다음과 같은 역할을 담당할 수 있다.
  - RMG, RTGs, QC, Tandem Function 등
- 항만크레인장비 운영 제어 어플리케이션을 현장 운영시스템 업무에 적용한다.

(4) 현장실습일지 작성 (1건/1일)

교과목명	현장실습	기술지도 위원확인
실습일자	20 년 월 일 ( )	
실습 단원명		

※ 반드시 실습 현장사진 및 업체 지도위원 명함 첨부(별지)

주요 실습내용 (전반기 교육과정)	
실습 분야	항만컨테이너터미널운영
실습개요 및 목 표	
실습내용	
실습에 사용된 기자재	
실습내용에 대한 자기소견	

10차수

현장실습 중간 평가 기간입니다.

전반기 교육 과정의 중간 평가를 통하여 후반기 교육 과정을 재검토합니다.

실습생

- 1차 과제물 중간 평가 발표
- 중간 보고서와 발표자료 작성
- 지도교수와 산업체 교육 담당자에게 발표

(1) 중간 보고서 작성

OJT 실습 중간 보고서(실습생)			
작 성 자		작성일자	

실 습 자		학 과	
		성 명	
교육과정명 (교육 레벨)			
교육실시일		교육종료일	
전반기 교육 과정 계획 목표			
1차 과제 내용			
1차 과제 결과	※ 발표자료 첨부 (ppt)		

산업체 교육 담당자

- 1차 과제물 중간 평가
- 중간 평가 보고서 작성
- 지도교수에게 중간 평가 결과 보고

(1) 2단계 중간 점검 작성

항 목	점 검 내 용	답 변 (예시)
산업체 수행 점검	• 산업체의 현장실습 분야가 현장실무능력 향상에 적절한가?	
	• 산업체의 현장실습 교육과정이 잘 수행되고 있는가?	
	• 산업체 사업 분야와 학과의 전공분야와 일치하는가?	
실습생 실무능력 점검	• 현장실습 목표 달성치에 비하여 어느 정도 달성되었는가?	
	• 현장실습 분야에 맞는 전공 심화 능력이 어느 정도향상 되었는가?	
	• 전공 설계 능력(포트폴리오 또는 설계보고서 점검)이 어느 정도 향상되었는가?	
현장실습 수행점검	• 팀워크 능력이 어느 정도 향상되었는가?	
	• 직무인성에 대한 인지도는 어느 정도 향상되었는가?	
	• 현장실습 계획에 따라 잘 진행하고 있는가? (현장실습 일지 등 점검)	
	• 산업체 교육자와 유대 관계는 어느 정도인가?	
	• 현장실습 산업체에 대한 인지도는 어느 정도인가?	
중간 점검 평가	(평가 의견)	

11-14차수

(1) 주간계획서 직성

OJT 주간 계획서 - 전반기 교육과정

<table>
<tr><td>소 속</td><td colspan="2"></td><td>실습시작일자</td><td></td><td>담당업무</td><td></td></tr>
<tr><td>성 명</td><td colspan="2"></td><td>책임자명</td><td></td><td>담당팀장</td><td></td></tr>
<tr><td>교육목표</td><td colspan="6"></td></tr>
<tr><td>교육명</td><td colspan="6">항만컨테이너터미널운영 교육과정</td></tr>
<tr><td colspan="7">교 육 계 획 표</td></tr>
<tr><td colspan="2">교 육 일 정</td><td rowspan="2">교 육 담 당</td><td colspan="4" rowspan="2">교 육 내 용</td></tr>
<tr><td>차수</td><td>일 자</td></tr>
<tr><td>11차수</td><td></td><td></td><td colspan="4"></td></tr>
<tr><td>12차수</td><td></td><td></td><td colspan="4"></td></tr>
<tr><td>13차수</td><td></td><td></td><td colspan="4"></td></tr>
<tr><td>14차수</td><td></td><td></td><td colspan="4"></td></tr>
</table>

(2) 교육담당자 업무일지 작성

<table>
<tr><th colspan="4">OJT 업무 일지 - 전반기 교육과정</th></tr>
<tr><td>작 성 자</td><td></td><td>작성일자</td><td></td></tr>
</table>

<table>
<tr><td colspan="2" rowspan="2">교육자</td><td>부서/직급</td><td></td></tr>
<tr><td>성　명</td><td></td></tr>
<tr><td>교육과정명
(교육 수준)</td><td colspan="3"></td></tr>
<tr><td>교 육 사 항
(실 습 내 용)</td><td colspan="3"></td></tr>
<tr><td colspan="4">주 간 교 육 평 가</td></tr>
<tr><td>느낀 점</td><td colspan="3"></td></tr>
</table>

지도교수

- 주기적인 실습생과 산업체 교육 담당자와 연락을 통한 현장실습 진행사항 점검
- 비정기적인 산업체 현장 방문 (방문시 현장방문 보고서 작성)

11차수

(1) 11차 교육과정 : ZPMC 갠트리 크레인 모듈 시뮬레이팅 파악하기

(2) 주요교육내용 : 본 교육과정은 ZPMC 갠트리 크레인 시뮬레이터의 주요 기능을 이해하고 사용자 응용프로그램과 리프팅장비를 통한 장비운영능력 파악이다.

주요요소	실 시 내 역
RTG/RMG ZPMC 갠트리크레인모듈시뮬레이팅 정의하기	• ZPMC 갠트리 크레인 장비의 주요 용어를 이해할 수 있다. • ZPMC 갠트리 크레인 장비의 주요 조작방법을 정의할 수 있다.
사용자 응용프로그램이해하기	• ZPMC 갠트리 크레인 구성을 이해할 수 있다. • ZPMC 갠트리 크레인 운영 매개변수를 정의할 수 있다. • ZPMC 갠트리 크레인 속도와 위치범위 제어를 수행할 수 있다.
리프팅 장비 이해하기	• ZPMC 갠트리 크레인 운영 매개변수를 정의할 수 있다. • ZPMC 갠트리 크레인의 기능장애를 이해할 수 있다. • ZPMC 갠트리 크레인 템플레이트 저장 및 이벤트를 수행할 수 있다.

(3) 적용 범위

- 본 교육과정은 ZPMC 갠트리 크레인 장비를 운영하기 위한 주요 환경을 이해하고 이를 현장에 적용할 수 있는 시나리오를 작성하여 현업에 적용한다.
- ZPMC 갠트리 크레인 장비를 사용하는 컨테이너터미널의 운영환경에 따라 다양한 현장 업무 시나리오에 적용한다.
- ZPMC 갠트리 크레인 장비를 제어를 통한 현장 실무 장비의 제어 업무에 적용한다.
- 다음과 같은 역할을 담당할 수 있다.
  - ZPMC 갠트리 크레인 장비 환경변수 변경 등
- ZPMC 갠트리 크레인 장비의 다양한 경고음을 이해하며 현장 운영장비의 다양한 경고음에 따른 대처 등의 컨테이너 작업 업무에 적용한다.

(4) 현장실습일지 작성 (1건/1일)

<table>
<tr><td>교과목명</td><td>현장실습</td><td>기술지도
위원확인</td></tr>
<tr><td>실습일자</td><td>20 년 월 일 ( )</td><td rowspan="2"></td></tr>
<tr><td>실습 단원명</td><td></td></tr>
</table>

※ 반드시 실습 현장사진 및 업체 지도위원 명함 첨부(별지)

<table>
<tr><td colspan="2">주요 실습내용 (전반기 교육과정)</td></tr>
<tr><td>실습 분야</td><td>항만컨테이너터미널운영</td></tr>
<tr><td>실습개요
및
목 표</td><td></td></tr>
<tr><td>실습내용</td><td></td></tr>
<tr><td>실습에 사용된
기자재</td><td></td></tr>
<tr><td>실습내용에 대한
자기소견</td><td></td></tr>
</table>

12차수

(1) 12차 교육과정 : 하드웨어 작동시스템 파악하기

(2) 주요교육내용 : 본 교육과정은 항만크레인시뮬레이터 운영 하드웨어 작동시스템 파악을 통한 장비의 효율적인 운영능력 방안을 모색하여 운영장비의 생산성을 높일 수 있는 작업 파악이다.

주요요소	실 시 내 역
시스템 이해하기	• 갠트리 크레인의 입력장치 조작을 이해할 수 있다. • 갠트리 크레인의 배치도를 설명할 수 있다. • Cabin에 설치된 좌우측 컨트롤박스의 기능을 파악할 수 있다. • 조작 컨트롤 계기판을 제어할 수 있다.
장비 작동 및 운영 이해하기	• 장비 상태화면을 통한 장비상태를 파악할 수 있다. • 단일 방식의 작동원리를 이해할 수 있다. • 조작화면과 세부계획 화면을 이해할 수 있다.

(3) 적용 범위

- 본 교육과정은 갠트리 크레인 장비의 입력장치 조작을 이해하고 운전을 통한 항만크레인 장비 운영 능력을 향상시켜서 이를 현장 작업에 적용한다.
- 갠트리 크레인의 좌우측 컨트롤박스의 기능을 이해함으로써 실제 장비 운영의 기능을 이해하여 실제 장비의 주요 기능 점검 및 운전에 적용한다.
- 갠트리 크레인의의 장비 상태를 파악하여 현장의 장비 운전에서 발생되는 장비의 다양한 상태를 파악하고 문제발생시 정비팀에 알리는 일련의 정비 업무 및 보전 업무에 적용한다.
- 다음과 같은 역할을 담당할 수 있다.
  - 갠트리 크레인의 조작 컨트롤 계기판 제어 및 운전 등
- 다양한 컨테이너를 취급하고 본선 작업에서의 갠트리 크레인의 운영지식에 따른 양적하 업무에 적용하며, 장비 이상에 따른 대처능력을 향상시키는 장비 운영 업무에 적용한다.

(4) 현장실습일지 작성 (1건/1일)

교과목명	현장실습	기술지도 위원확인
실습일자	20　　년　　월　　일 (　)	
실습 단원명		

※ 반드시 실습 현장사진 및 업체 지도위원 명함 첨부(별지)

주요 실습내용 (전반기 교육과정)	
실습 분야	항만컨테이너터미널운영
실습개요 및 목 표	
실습내용	
실습에 사용된 기자재	
실습내용에 대한 자기소견	

13차수

(1) 13차 교육과정 : 차대 정렬 시스템(CAS) 파악하기

(2) 주요교육내용 : 본 교육과정은 차대 정렬 시스템에 대한 이해와 이를 통한 운영 능력 향상으로 본선 작업 및 장치장내의 양적하 작업 업무 효율성을 높일 수 있는 작업 파악이다.

주요요소	실 시 내 역
차대 정렬 시스템 이해하기	• CAS시스템을 통한 운송차량 정렬을 이해할 수 있다. • CAS시스템을 통한 YT 차량의 배치를 수행할 수 있다. • CAS시스템을 적용한 차량의 순환을 파악할 있다.
모의 실습에서 CAS 조작 이해하기	• 조작 컨트롤 계기판을 통한 CAS를 설정할 수 있다. • 단일 조작에 따른 컨테이너 대체를 수행할 수 있다. • 이중 순환을 통한 차량의 운행을 제어할 수 있다.

(3) 적용 범위

- 본 교육과정은 차대 정렬 시스템을 사용하여 본선작업에서 실시되는 운송차량의 정렬을 이해하고 이를 통한 실제 본선작업시 차량의 정렬 업무에 적용한다.
- CAS를 통한 YT 차량의 정확한 위치 제어를 실시하여 에이프론에서 발생되는 본선작업 업무에 적용한다.
- 조작 컨트롤 계기판을 통한 CAS를 설정함으로써 안벽크레인의 CAS 제어 업무에 적용한다.
- 다음과 같은 역할을 담당할 수 있다.
  - CAS운영 시스템 작동 등
- 단일 조작과 이중 순환을 통한 차량의 다양한 배차를 실시하여 컨테이너터미널내 배차 운영 업무에 적용한다.

(4) 현장실습일지 작성 (1건/1일)

교과목명	현장실습	기술지도 위원확인
실습일자	20 년 월 일 ( )	
실습 단원명		

※ 반드시 실습 현장사진 및 업체 지도위원 명함 첨부(별지)

주요 실습내용 (전반기 교육과정)	
실습 분야	항만컨테이너터미널운영
실습개요 및 목 표	
실습내용	
실습에 사용된 기자재	
실습내용에 대한 자기소견	

14차수

(1) 14차 교육과정 : RMG 크레인 모듈 시뮬레이팅 작업 파악하기

(2) 주요교육내용 : 본 교육과정은 RMG 크레인 모듈 시뮬레이팅을 통한 장치장내에서의 컨테이너 양적하를 실시하고 이를 통한 컨테이너터미널의 운영능력을 높일 수 있는 작업 파악이다.

주요요소	실 시 내 역
RMG 크레인 설정 이해하기	• RMG 장비 사양을 이해할 수 있다. • 사용자 정의 변수 설정을 수행할 수 있다. • RMG 장비의 속도 및 가속을 정의할 수 있다. • 트롤리와 스프레드의 오동작을 수행할 수 있다. • 트롤리와 스프레드의 텔레스코핑과 권하/권상을 수행할 수 있다.
하드웨어 제어 시스템 이해하기	• 운전석에 설치된 장비를 이해할 수 있다. • 운전석에 설치된 좌우측 컨트롤박스의 위치를 파악할 수 있다. • 운전석에 설치된 좌우측 컨트롤박스의 주요 기능을 수행할 수 있다. • 운전자 제어 어플리케이션을 통한 장비의 운행을 제어할 수 있다.

(3) 적용 범위

- 본 교육과정은 RMG 크레인 모듈 시뮬레이팅을 통한 장비의 특성을 파악하고 이를 통한 사용자 정의 변수를 설정함으로써 RMG 장비 운영하고 있는 컨테이너터미널 장비 작업 업무에 적용한다.
- RMG 장비의 속도 및 가속도 변화에 따른 장비 상태와 트롤리와 스프레드 작동을 통한 다양한 시나리오를 수행함으로써 실제 장비의 운영작업업무에 적용한다.
- 운전석에 설치된 좌우측 컨트롤박스 제어를 통한 RMG 장비의 운영업무에 적용한다.
- 다음과 같은 역할을 담당할 수 있다.
  - 컨트롤박스의 위치 및 기능 수행을 통한 양적하 작업 실시
- 운전자 제어 어플리케이션을 통한 장비 운행 제어 업무에 적용한다.

(4) 현장실습일지 작성 (1건/1일)

교과목명	현장실습	기술지도 위원확인
실습일자	20　년　월　일 (　)	
실습 단원명		

※ 반드시 실습 현장사진 및 업체 지도위원 명함 첨부(별지)

주요 실습내용 (전반기 교육과정)	
실습 분야	항만컨테이너터미널운영
실습개요 및 목 표	
실습내용	
실습에 사용된 기자재	
실습내용에 대한 자기소견	

14-18차수

(1) 주간계획서 작성

OJT 주간 계획서 - 전반기 교육과정

<table>
<tr><td>소 속</td><td colspan="2"></td><td>실습시작일자</td><td></td><td>담당업무</td><td></td></tr>
<tr><td>성 명</td><td colspan="2"></td><td>책임자명</td><td></td><td>담당팀장</td><td></td></tr>
<tr><td>교육목표</td><td colspan="6"></td></tr>
<tr><td>교육명</td><td colspan="6">항만컨테이너터미널운영 교육과정</td></tr>
<tr><td colspan="7">교 육 계 획 표</td></tr>
<tr><td colspan="3">교 육 일 정</td><td rowspan="2" colspan="2">교 육 담 당</td><td rowspan="2" colspan="2">교 육 내 용</td></tr>
<tr><td>차수</td><td colspan="2">일 자</td></tr>
<tr><td>15차수</td><td colspan="2"></td><td colspan="2"></td><td colspan="2"></td></tr>
<tr><td>16차수</td><td colspan="2"></td><td colspan="2"></td><td colspan="2"></td></tr>
<tr><td>17차수</td><td colspan="2"></td><td colspan="2"></td><td colspan="2"></td></tr>
<tr><td>18차수</td><td colspan="2"></td><td colspan="2"></td><td colspan="2"></td></tr>
</table>

(2) 교육담당자 업무일지 작성

<table>
<tr><td colspan="4">OJT 업무 일지 – 전반기 교육과정</td></tr>
<tr><td>작 성 자</td><td></td><td>작성일자</td><td></td></tr>
</table>

<table>
<tr><td colspan="2" rowspan="2">교육자</td><td>부서/직급</td><td></td></tr>
<tr><td>성 명</td><td></td></tr>
<tr><td>교육과정명
(교육 수준)</td><td colspan="3"></td></tr>
<tr><td>교 육 사 항
(실 습 내 용)</td><td colspan="3"></td></tr>
<tr><td colspan="4">주 간 교 육 평 가</td></tr>
<tr><td>느낀 점</td><td colspan="3"></td></tr>
</table>

지도교수

- 주기적인 실습생과 산업체 교육 담당자와 연락을 통한 현장실습 진행사항 점검
- 비정기적인 산업체 현장 방문 (방문시 현장방문 보고서 작성)

15차수

(1) 15차 교육과정 : 컨테이너터미널 작업 시 안전수칙 작업 파악하기

(2) 주요교육내용 : 본 교육과정은 컨테이너터미널 작업 시 요구되는 안전수칙파악을 통한 안전사고 방지 및 작업능률을 높일 수 있는 작업 파악이다.

주요요소	실 시 내 역
일반수칙 이해하기	• 일반적인 안전수칙을 이해할 수 있다. • 근무 중 안전수칙을 파악할 수 있다. • 작업 시 요구되는 안전수칙을 수행할 수 있다.
운영요원의 안전수칙 이해하기	• 운영요원의 안전수칙을 이해할 수 있다. • 통제실의 안전수칙을 파악할 수 있다. • 포맨과 언더맨의 안전수칙을 수행할 수 있다. • 위험물 하역작업 및 신호수의 안전수칙을 수행할 수 있다.
안전사고 위험 및 대책방안 이해하기	• 선박 승강설비 유해 및 위험요인을 파악할 수 있다. • 선창 및 와이어로프의 유해 및 위험요인을 이해할 수 있다. • 지게차 운반 작업과 재해예방 대책을 수립할 수 있다. • 개인용 보호구 및 안전대의 유해 및 위험요인과 재해예방 대책을 파악할 수 있다.

(3) 적용 범위

- 본 교육과정은 컨테이너터미널에서 수행되는 작업 실시 시 고려되는 일반적인 안전수칙에 관한 지침을 통한 현장 실무내 안전작업 업무에 적용한다.
- 통제실의 안전수칙을 통한 통제실 운영업무에 적용한다.
- 포맨, 언더맨 및 신호수의 안전수칙을 통한 컨테이너 운영업무에 적용한다.
- 다음과 같은 역할을 담당할 수 있다.
  - 컨테이너터미널에서 안전수칙을 고려한 작업 실시
- 안전사고 위험 및 대책 방안모색을 통한 운영업무에 적용한다.

(4) 현장실습일지 작성 (1건/1일)

교과목명	현장실습	기술지도 위원확인
실습일자	20 년 월 일( )	
실습 단원명		

※ 반드시 실습 현장사진 및 업체 지도위원 명함 첨부(별지)

주요 실습내용 (전반기 교육과정)	
실습 분야	항만컨테이너터미널운영
실습개요 및 목 표	
실습내용	
실습에 사용된 기자재	
실습내용에 대한 자기소견	

16차수

(1) 16차 교육과정 : 본선작업을 실시하기 위한 선박 컨테이너 위치파악 작업 파악하기

(2) 주요교육내용 : 본 교육과정은 본선작업 시 요구되는 선박내 컨테이너위치 파악 및 작업 지시에 따른 운영 장비의 효율적인 작업 파악이다.

주요요소	실 시 내 역
선박 컨테이너 위치표시 이해하기	• Hold 번호를 이해할 수 있다. • Slot과 Tier 번호를 파악할 수 있다. • 적재위치를 표시할 수 있다. • 컨테이너 지붕 및 바닥재의 강도를 알 수 있다.

(3) 적용 범위적용 범위

- 본 교육과정은 본선작업에서 반드시 필요한 갠트리 크레인을 통한 본선내 Hold, Slot 및 Tier 번호를 파악함으로써 원활한 본선작업 업무에 적용한다.
- 컨테이너 지붕 및 바닥재의 강도를 파악함으로써 작업 시 적절한 강도를 가한 컨테이너 처리업무에 적용한다.
- 다음과 같은 역할을 담당할 수 있다.
  - Hold, Slot 및 Tier 번호에 따른 본선작업 실시
- 컨테이너강도에 따른 컨테이너 핸들링 운영 업무에 적용한다.

(4) 현장실습일지 작성 (1건/1일)

교과목명	현장실습	기술지도 위원확인
실습일자	20 년 월 일 ( )	
실습 단원명		

※ 반드시 실습 현장사진 및 업체 지도위원 명함 첨부(별지)

주요 실습내용 (전반기 교육과정)	
실습 분야	항만컨테이너터미널운영
실습개요 및 목 표	
실습내용	
실습에 사용된 기자재	
실습내용에 대한 자기소견	

17차수

(1) 17차 교육과정 : 선박관리시스템 운영

(2) 주요교육내용 : 본 교육과정은 선사의 영업관리시스템과 청구미수관리시스템 등을 종합적으로 관리하는 선사관리시스템의 특징에 파악하는 능력이다.

주요요소	실 시 내 역
영업관리시스템 파악하기	• 선박스케줄관리에 대해 파악할 수 있다. • S/R 관리 업무에 대해 파악할 수 있다. • B/L 업무에 대해 파악할 수 있다. • 자료조화관리 미 서류발급관리 업무에 대해 파악할 수 있다. • EDI 관리 업무에 대해 파악할 수 있다.
청구미수관리 시스템 파악하기	• C/A 관리 업무에 대해 파악할 수 있다. • 발급자료 업무에 대해 파악할 수 있다. • 자료조회 업무에 대해 파악할 수 있다.

(3) 적용 범위

• 본 교육과정은 선사의 영업관리시스템과 청구미수관리시스템에 대해 학습함으로써 선사 및 물류기업의 선박관리시스템 업무에 적용한다.

(4) 현장실습일지 작성 (1건/1일)

교과목명	현장실습	기술지도 위원확인
실습일자	20 년 월 일 ( )	
실습 단원명		

※ 반드시 실습 현장사진 및 업체 지도위원 명함 첨부(별지)

주요 실습내용 (전반기 교육과정)	
실습 분야	항만컨테이너터미널운영 교육과정
실습개요 및 목 표	
실습내용	
실습에 사용된 기자재	
실습내용에 대한 자기소견	

18차수

(1) 18차 교육과정 : SCM 물류정보시스템 운영

(2) 주요교육내용 : 본 교육과정은 기업과 기업간의 물류비 절감을 위한 물류정보시스템의 한 분야인 SCM 물류정보시스템의 특징에 파악하는 능력이다.

주요요소	실 시 내 역
SCM 개요 파악하기	• SCM 기본 개념에 대해 정의할 수 있다. • SCM 의의에 대해 설명할 수 있다. • SCM 선결과제에 대해 설명할 수 있다.
SCM 적용 방안 이해하기	• 상품주기에 응용하는 방안에 대해 이해할 수 있다. • 생산방식에 응용하는 방안에 대해 이해할 수 있다. • 스피드 경영 실현에 응용하는 방안에 대해 이해할 수 있다.
SCM 응용 방안 파악하기	• POS 시스템 응용 방안에 대해 파악할 수 있다. • ECR 시스템 응용 방안에 대해 파악할 수 있다. • ERP 시스템 응용 방안에 대해 파악할 수 있다. • CALS 시스템 응용 방안에 대해 파악할 수 있다.

(3) 적용 범위

• 본 교육과정은 SCM을 학습하여 물류기업의 물류정보시스템 업무에 적용한다.

(4) 현장실습일지 작성 (1건/1일)

<table>
<tr><td>교과목명</td><td>현장실습</td><td>기술지도
위원확인</td></tr>
<tr><td>실습일자</td><td>20 년 월 일 ( )</td><td rowspan="2"></td></tr>
<tr><td>실습 단원명</td><td></td></tr>
</table>

※ 반드시 실습 현장사진 및 업체 지도위원 명함 첨부(별지)

<table>
<tr><td colspan="2">주요 실습내용 (전반기 교육과정)</td></tr>
<tr><td>실습 분야</td><td>항만컨테이너터미널운영</td></tr>
<tr><td>실습개요
및
목 표</td><td></td></tr>
<tr><td>실습내용</td><td></td></tr>
<tr><td>실습에 사용된
기자재</td><td></td></tr>
<tr><td>실습내용에 대한
자기소견</td><td></td></tr>
</table>

19-20차수

(1) 주간계획서 작성

OJT 주간 계획서 - 전반기 교육과정

소 속		실습시작일자		담당업무	
성 명		책임자명		담당팀장	
교육목표					
교육명	항만컨테이너터미널운영 교육과정				
교 육 계 획 표					
교 육 일 정		교 육 담 당	교 육 내 용		
차수	일 자				
19차수					
20차수					

(2) 교육담당자 업무일지 작성

OJT 업무 일지 - 전반기 교육과정			
작 성 자		작성일자	

교육자		부서/직급	
		성 명	
교육과정명 (교육 수준)			
교 육 사 항 (실 습 내 용)			
주 간 교 육 평 가			
느낀 점			

지도교수

- 주기적인 실습생과 산업체 교육 담당자와 연락을 통한 현장실습 지행사항 점검
- 비정기적인 산업체 현장 방문 (방문시 현장방문 보고서 작성)

19차수

(1) 19차 교육과정 : 3PL 물류정보시스템 운영

(2) 주요교육내용 : 본 교육과정은 기업의 물류 분야를 아웃소싱하여 물류비의 절감을 위한 3자물류정보시스템의 특징에 파악하는 능력이다.

주요요소	실 시 내 역
3PL 개요 파악하기	• SCM 기본 개념에 대해 정의할 수 있다. • SCM 의의에 대해 설명할 수 있다. • SCM 선결과제에 대해 설명할 수 있다.
3PL 운영시스템 이해하기	• 상품주기에 응용하는 방안에 대해 이해할 수 있다. • 생산방식에 응용하는 방안에 대해 이해할 수 있다. • 스피드 경영 실현에 응용하는 방안에 대해 이해할 수 있다.
3PL 물류 정보시스템 파악하기	• POS 시스템 응용 방안에 대해 파악할 수 있다. • ECR 시스템 응용 방안에 대해 파악할 수 있다. • ERP 시스템 응용 방안에 대해 파악할 수 있다. • CALS 시스템 응용 방안에 대해 파악할 수 있다.

(3) 적용 범위

- 본 교육과정은 기업의 물류분야를 전략적으로 아웃소싱하여 기업의 물류비 절감을 위한 3자물류시스템을 학습하여 물류기업의 물류정보시스템 관련 업무에 적용한다.

(4) 현장실습일지 작성 (1건/1일)

교과목명	현장실습	기술지도 위원확인
실습일자	20 년 월 일 ( )	
실습 단원명		

※ 반드시 실습 현장사진 및 업체 지도위원 명함 첨부(별지)

주요 실습내용 (전반기 교육과정)	
실습 분야	항만컨테이너터미널운영
실습개요 및 목 표	
실습내용	
실습에 사용된 기자재	
실습내용에 대한 자기소견	

산업체 교육 담당자

- 항만컨테이너 터미널 운영 분야 현장실습 교육과정 실시
- 매주 주간 계획서 및 업무 일지 작성
- 현장실습일지 및 실습생 출석카드 관리

20차수

현장실습 마지막 주입니다.
지금까지 모든 현장실습 교육과정의 최종 평가를 수행합니다.

실습생

- 2차 과제물 평가 발표
- 최종 보고서와 발표자료 작성
- 지도교수와 산업체 교육 담당자에게 발표

산업체 교육 담당자

- 2차 과제물 평가
- 최종 평가 보고서 작성
- 지도교수에게 평가 결과 보고

(1) 최종 보고서 작성

<table>
<tr><th colspan="4">OJT 실습 최종보고서(실습생)</th></tr>
<tr><td>작 성 자</td><td></td><td>작성일자</td><td></td></tr>
</table>

<table>
<tr><td colspan="2" rowspan="2">실 습 자</td><td>학 과</td><td></td></tr>
<tr><td>성 명</td><td></td></tr>
<tr><td>교육과정명
(교육 레벨)</td><td colspan="3"></td></tr>
<tr><td>교육실시일</td><td></td><td>교육종료일</td><td></td></tr>
<tr><td>전반기 교육 과정
계획 목표</td><td colspan="3"></td></tr>
<tr><td>2차 과제 내용</td><td colspan="3"></td></tr>
<tr><td>과제 결과</td><td colspan="3">※ 발표자료 첨부 (ppt)</td></tr>
</table>

(2) 최종 평가 보고서 작성

OJT 실습 최종보고서(기업)			
작 성 자		작성일자	

<table>
<tr><td colspan="3" rowspan="2">교 육 자</td><td>부 서</td><td></td></tr>
<tr><td>성 명</td><td></td></tr>
<tr><td>교육과정명
(교육 레벨)</td><td colspan="4"></td></tr>
<tr><td>교육실시일</td><td colspan="2"></td><td>교육종료일</td><td></td></tr>
<tr><td>교육사항
(실습내용)</td><td colspan="4"></td></tr>
<tr><td colspan="5">최종교육평가</td></tr>
<tr><td>중간
평가</td><td></td><td>최종
평가</td><td colspan="2"></td></tr>
</table>

(3) 실습생 평가서 작성

<table>
<tr><td>소 속</td><td colspan="3">대학 학과(부)</td></tr>
<tr><td>학 번</td><td></td><td>성 명</td><td></td></tr>
<tr><td>실 습 기 간</td><td colspan="3"></td></tr>
<tr><td>실 습 내 용</td><td colspan="3"></td></tr>
</table>

상기 학생의 현장 실습에 대한 평가서를 다음과 같이 제출합니다.

<table>
<tr><td>평 가
항 목</td><td colspan="2">우 수</td><td>보 통</td><td colspan="2">미 흡</td><td>비 고</td></tr>
<tr><td>① 근무태도</td><td>5</td><td>4</td><td>3</td><td>2</td><td>1</td><td></td></tr>
<tr><td>② 업무능력</td><td>5</td><td>4</td><td>3</td><td>2</td><td>1</td><td></td></tr>
<tr><td>③ 언행, 용모, 예절</td><td>5</td><td>4</td><td>3</td><td>2</td><td>1</td><td></td></tr>
<tr><td>④ 협동심</td><td>5</td><td>4</td><td>3</td><td>2</td><td>1</td><td></td></tr>
<tr><td>⑤ 책임감</td><td>5</td><td>4</td><td>3</td><td>2</td><td>1</td><td></td></tr>
<tr><td>⑥ 실습학생이 업체에 기여한 정도</td><td>5</td><td>4</td><td>3</td><td>2</td><td>1</td><td></td></tr>
<tr><td>※ 보 완 사 항
(관리자가 직접작성)</td><td colspan="6">1. 전공이 필요한 전공영역

2. 교양 및 인성영역

3. 기타 관리자가 관찰한 사항</td></tr>
</table>

※ 해당란에 [○]으로 표기

20 년 월 일

평가자(대표자 또는 실습생 관리자)

소 속 :

직 위 :

성 명 : (인)

지도교수

- 실습생 현장실습 중간 점검 사항 작성
- 산업체 교육 담당자와 면담

(1) 3단계 최종 점검 사항 (마지막차수)

항 목	점 검 내 용	답 변 (예시)
산업체 수행 점검	• 산업체의 현장실습 분야가 현장실무능력 향상에 적절한가?	
	• 산업체의 현장실습 교육과정이 잘 수행되고 있는가?	
	• 산업체 사업 분야와 학과의 전공분야와 일치하는가?	
실습생 실무능력 점검	• 실습생의 현장실습 목표 달성치를 달성하였는가?	
	• 현장실습 분야에 맞는 전공 심화 능력이 어느 정도향상 되었는가?	
	• 전공 설계 능력(포트폴리오 또는 설계보고서 점검)이 어느 정도 향상되었는가?	
현장실습 수행점검	• 팀워크 능력이 어느 정도 향상되었는가?	
	• 직무인성에 대한 인지도는 어느 정도 향상되었는가?	
	• 현장실습 계획을 모두 달성하였는가?	
	• 현장실습 산업체에 대한 인지도는 어느 정도인가?	
중간 점검 평가	(평가 의견)	

▶ ▶ **양식 1 참여기관 확인서**

참여기관 참여의사 확인서

사 업 명	
주 관 대 학	
총괄책임자	

위의 2단계 산학협력중심대학육성사업 수행을 위하여 제출한 2단계 산학협력중심대학 사업신청서의 사업내용에 동의하고, 관련 법령 및 규정의 제반사항을 준수하면서 본 사업에 적극 참여할 것을 확약합니다.

20 년 월 일

(기관명) (대 표)

(인) 직인

교육과학기술부장관

지식경제부장관

한국산업기술진흥원장 귀하

▸▸ 양식 2 **실습생 출석카드**

실습생 출석카드

연번	일시 / 이름	. .	. .	. .	. .	. .	. .	출석	결석	총 실습 일수
		확인-지도위원	확인-지도위원	확인-지도위원	확인-지도위원	확인-지도위원	확인-지도위원			

기관명 :

기술지도위원 : (인)

▸▸ 양식 3　**실습생 출석카드**

실습생 명단

현장실습팀　　조	
교 과 목 명	
실 습 기 간	(주당:　　일, 총:　　일)

연 번	성 명	전 공	학 번	학 년	연락처

▸ ▸ 양식 4 **실습교육 계획**

실습교육 내용

교과목명			
실습기간	20 . . ~ 20 . .	기업명	
지도교수		기술지도위원	

▸ 월(주)별 주요계획 ◂

월	월별 주요 실습 계획과 목표를 기입
1차수 : 각주 주요 실습 계획과 목표를 기입	
2차수 :	
3차수 :	
4차수 :	
월	월별 주요 실습 계획과 목표를 기입
1차수 : 각주 주요 실습 계획과 목표를 기입	
2차수 :	
3차수 :	
4차수 :	
월	월별 주요 실습 계획과 목표를 기입
1차수 : 각주 주요 실습 계획과 목표를 기입	
2차수 :	
3차수 :	
4차수 :	
월	월별 주요 실습 계획과 목표를 기입
1차수 : 각주 주요 실습 계획과 목표를 기입	
2차수 :	
3차수 :	
4차수 :	

▸▸ 양식 5 실습지원비 지급확인서

실습지원 지급확인서

연번	성 명	전 공	학 번	실습일수	지원금액	지급확인란
				일	원	
				일	원	
				일	원	
				일	원	
				일	원	
				일	원	
				일	원	
				일	원	
				일	원	
				일	원	
				일	원	
				일	원	
				일	원	
				일	원	
				일	원	
정상지급금		외 명(원)				
합계		원				

※ 지급확인란에는 실습지원비를 수령한 실습생의 친필사인을 기입함.

▸▸ 양식 6 **현장실습보고서**

현장실습보고서

대 학 명 :
실습기관명 :
학 과 :
학 년 :
학 번 :
이 름 : (인)

기술지도위원 : (인)

지도교수 : (인)

동명대학교 산학협력중심대학육성사업단장 귀하

▸▸ 양식 7 현장실습일지

현장실습일지

교과목명	현장실습	기술지도 위원확인
실습일자	20 년 월 일 ( )	
실습 단원명		

※ 반드시 실습 현장사진 및 업체 지도위원 명함 첨부(별지)

주요 실습내용	
실습개요 및 목 표	
실습내용	
실습에 사용된 기자재	
실습내용에 대한 자기소견	

▸ ▸ 양식 8 **현장실습 참여기관 평가서**

현장실습 참여기관 평가서

소 속	대학(학부)		과(전공)
학 번		성 명	
실 습 기 간			
실 습 내 용			

상기 학생의 현장 실습에 대한 평가서를 다음과 같이 제출합니다.

평 가 / 항 목	우 수		보 통	미 흡		비 고
① 근무태도	5	4	3	2	1	
② 업무능력	5	4	3	2	1	
③ 언행, 용모, 예절	5	4	3	2	1	
④ 협동심	5	4	3	2	1	
⑤ 책임감	5	4	3	2	1	
⑥ 실습학생이 업체에 기여한 정도	5	4	3	2	1	
※ 보 완 사 항 (관리자가 직접작성)	1. 전공이 필요한 전공영역 2. 교양 및 인성영역 3. 기타 관리자가 관찰한 사항					

※ 해당란에 「○」으로 표기

20 년 월 일

평가자(대표자 또는 실습생 관리자)

소 속 :

직 위 :

성 명 : (인)

동명대학교 산학협력중심대학육성사업단장 귀하

▸▸ **양식 9 현장지도기술서**

현장지도기술서			
소 속	대학(학부) 과(전공)	지도교수	(인)
업 체 명		대표자명	(인)
일 시	20 년 월 일		
방문목적			
구체적 지도내용	기업과의 기술교류 및 학생 지도내용을 구체적으로 기입하여 주십시오.		
현장지도 실시에 대한 개인소견			

동명대학교 산학협력중심대학육성사업단장 귀하

예금계좌이체 승낙서

[2단계 산학협력중심대학육성사업] 20 학년도 학기 현장실습 기술지도비를 아래 계좌로 이체하여 수령함을 승낙합니다.

· 은 행 명 :

· 계좌번호 :

· 예 금 주 :

20 . . .

· 주민등록번호 :

· 소 속 :

· 주 소 :

· 전화번호 :

· 성 명 : (인)

동명대학교 산학협력중심대학사업단장 귀하

▸▸ 양식 10 현장실습 설문지(학생용)

현장실습 학점제 수행평가설문지(학생용)

안녕하십니까?
현장실습학점제를 주관하고 있는 산학협력중심대학사업단입니다.
그 동안 현장실습에 적극 참여해 주신 학생들의 노력에 감사드립니다.

이 설문지는 현장실습을 수행한 학생 여러분들의 의견을 수렴하고자 합니다. 이를 통해 현장실습의 현황분석이나 문제점들을 파악하고 그 개선방안 마련을 목적으로 합니다. 따라서 현장실습에 관한 여러분들의 솔직한 의견들을 제시하여 주시면 감사하겠습니다.

본 설문조사는 통계법에 의해 통계자료 이외에는 전혀 다른 용도로 사용되지 않으니 빠짐없이 응답해 주시면 감사하겠습니다.

현장실습 학점제에 관한 설문 조사지(학생용)

소속 : ____________ 대학(학부) ____________ 과(전공) ____________ 학년

※ 해당하는 항의 □ 안에 √ 를 하여 주십시오.

Ⅰ. 현장실습의 교육적 가치에 관련된 사항

1. 기업체에서 수행되는 현장실습은 강의실에서 학습한 이론을 심화시키는 계기가 되었다고 생각하는가?

□ ① 매우 그렇다 □ ② 그렇다 □ ③ 보통이다.
□ ④ 그렇지 않다 □ ⑤ 매우 그렇지 않다

2. 현장실습은 기업체 실무와 직무능력을 향상시키는 계기가 되었다고 생각하는가?

□ ① 매우 그렇다 □ ② 그렇다 □ ③ 보통이다.
□ ④ 그렇지 않다 □ ⑤ 매우 그렇지 않다

3. 현장실습을 통하여 자신의 취업 또는 진학의 탐색·결정하는 계기가 되었다고 생각하는가?

□ ① 매우 그렇다 □ ② 그렇다 □ ③ 보통이다.
□ ④ 그렇지 않다 □ ⑤ 매우 그렇지 않다

4. 현장실습을 통해서 전공분야의 직업세계를 이해하는 계기가 되었다고 생각하는가?

□ ① 매우 그렇다 □ ② 그렇다 □ ③ 보통이다.
□ ④ 그렇지 않다 □ ⑤ 매우 그렇지 않다

5. 기타의견

▸▸ 양식 11 **현장실습 설문지(산업체용)**

현장실습 학점제 수행평가설문지(산업체용)

안녕하십니까?
현장실습 학점제를 주관하고 있는 산학협력중심대학사업단입니다.
그 동안 현장실습에 적극 참여해 주신 산업체의 노력에 감사드립니다.

이 설문지는 현장실습을 실시한 산업체 여러분들의 의견을 수렴하고자 합니다. 이를 통해 현장실습의 현황분석이나 문제점들을 파악하고 그 개선방안 마련을 목적으로 합니다. 따라서 현장실습에 참여한 산업체 여러분들의 솔직한 의견들을 제시하여 주시면 감사하겠습니다.

본 설문조사는 통계법에 의해 통계자료 이외에는 전혀 다른 용도로 사용되지 않으니 빠짐없이 응답해 주시면 감사하겠습니다.

현장실습 학점제에 관한 설문 조사지(산업체용)

산업체명 : ______________________ **직위 :** ______________________

※ 해당하는 항의 □ 안에 √ 를 하여 주십시오.

Ⅰ. 현장실습의 교육적 가치에 관련된 사항

1. 기업체에서 수행되는 현장실습을 통해 학생들이 강의실에서 학습한 이론을 심화시키는 계기가 되었다고 생각하는가?

□ ① 매우 그렇다　□ ② 그렇다　□ ③ 보통이다.
□ ④ 그렇지 않다　□ ⑤ 매우 그렇지 않다

2. 현장실습을 통해 학생들의 실무이해와 직무능력을 향상시키는 계기가 되었다고 생각하는가?

□ ① 매우 그렇다　□ ② 그렇다　□ ③ 보통이다.
□ ④ 그렇지 않다　□ ⑤ 매우 그렇지 않다

3. 현장실습을 통하여 학생들 자신의 취업 또는 진로를 탐색·결정하는 계기가 되었다고 생각하는가?

□ ① 매우 그렇다　□ ② 그렇다　□ ③ 보통이다.
□ ④ 그렇지 않다　□ ⑤ 매우 그렇지 않다

4. 현장실습을 통해서 학생들이 전공분야의 직업세계를 이해하는 계기가 되었다고 생각하는가?

□ ① 매우 그렇다　□ ② 그렇다　□ ③ 보통이다.
□ ④ 그렇지 않다　□ ⑤ 매우 그렇지 않다

5. 기타의견

▸▸ **양식 12 현장실습 설문지(교수용)**

현장실습 학점제 평가설문지(교수용)

안녕하십니까?
현장실습 학점제를 주관하고 있는 산학협력중심대학사업단입니다.
그 동안 현장실습에 적극 참여해 주신 교수님의 노력에 감사드립니다.

이 설문지는 현장실습을 실시한 교수님의 의견을 수렴하고자 합니다. 이를 통해 현장실습의 현황분석이나 문제점들을 파악하고 그 개선방안 마련을 목적으로 합니다. 따라서 현장실습에 관한 교수님의 솔직한 의견들을 제시하여 주시면 감사하겠습니다.

본 설문조사는 통계법에 의해 통계자료 이외에는 전혀 다른 용도로 사용되지 않으니 빠짐없이 응답해 주시면 감사하겠습니다.

현장실습 학점제에 관한 설문 조사지(교수용)

소속 : ______________ 대학(학부) ______________ 과(전공) ______ 직위 : ______________

※ 해당하는 항의 □ 안에 √ 를 하여 주십시오.

Ⅰ. 현장실습의 교육적 가치에 관련된 사항

1. 기업체에서 수행되는 현장실습을 통해 학생들이 강의실에서 학습한 이론을 심화시키는 계기가 되었다고 생각하는가?

□ ① 매우 그렇다 □ ② 그렇다 □ ③ 보통이다.
□ ④ 그렇지 않다 □ ⑤ 매우 그렇지 않다

2. 현장실습을 통해 학생들의 실무이해와 직무능력을 향상시키는 계기가 되었다고 생각하는가?

□ ① 매우 그렇다 □ ② 그렇다 □ ③ 보통이다.
□ ④ 그렇지 않다 □ ⑤ 매우 그렇지 않다

3. 현장실습을 통하여 학생들 자신의 취업 또는 진로를 탐색·결정하는 계기가 되었다고 생각하는가?

□ ① 매우 그렇다 □ ② 그렇다 □ ③ 보통이다.
□ ④ 그렇지 않다 □ ⑤ 매우 그렇지 않다

4. 현장실습을 통해서 학생들이 전공분야의 직업세계를 이해하는 계기가 되었다고 생각하는가?

□ ① 매우 그렇다 □ ② 그렇다 □ ③ 보통이다.
□ ④ 그렇지 않다 □ ⑤ 매우 그렇지 않다

5. 기타의견

▸▸ 참고문헌

1. 동명대학교 2단계 산학협력중심대학육성사업단, 대학생 현장실습 "IT 분야" OJT 교육과정 지침서, 2010
2. 동명대학교 2단계 산학협력중심대학육성사업단, 대학생 현장실습 "IT 분야" OJT 교육과정 (예시), 2010
3. 동명대학교 항만물류학부, 지역밀착형 항만물류학부 교육과정 개발에 관한 연구, 한국연구재단, 2008.

정가 13,000원

대학생 현장실습 항만물류분야 OJT교육과정

2012년 3월 20일 초판 인쇄
2012년 3월 26일 초판 발행
저 자 : 조 규 성
발행자 : 우 명 찬 · 송 준
발행처 : 홍릉과학출판사
주 소 : 서울시 강북구 인수동 455-60
142-885
등 록 : 1976년 10월 21일 제5-66호
전 화 : (02)999-2274 ~ 5, 996-8341, 903-7037
팩 스 : (02)905-6729
ISBN : 978-89-7283-955-2
e-mail : hongpub@hongpub.co.kr
http://www.hongpub.co.kr

저자와의 협의하에 인지생략